LE KYBALION

Etude sur la philosophie hermétique
de l'ancienne Egypte
et de l'ancienne Grèce

par
Trois Initiés

*Traduit de l'anglais par M. André Dur*ville

PARIS 1917

Préface

Le Kybalion est certainement un livre sortant de l'ordinaire et marqué du sceau de la sagesse et du mystère. Son titre même est étrange :

par sa racine, KBL, peut-être pourrait-il être rattaché à la Kabbale ; en tout cas, nous croyons savoir que le Maître psychiste américain, W.W. Atkinson, n'est pas resté étranger à sa publication, et nous le félicitons d'avoir contribué à reconstituer pour notre époque les vestiges d'une science, jadis toute-puissante.

Car ce petit livre est très profond, sous son apparente simplicité : trop profond, même, pourrait-on dire.

J'ai eu l'occasion de commenter ailleurs ses préceptes, et un de mes honorables critiques (dans une Revue anglaise, publiée aux Indes), nous a fait à tous les deux – le Kybalion et moi – l'honneur de répéter ses sept Lois en prouvant péremptoirement, par le contexte, que leur portée dépassait (et de beaucoup, malheureusement) son intellect.

A présent, me direz-vous, l'incompréhension est parfois une des formes les plus raffinées de la flatterie involontaire...

Les métaphysiciens de notre époque ne sont que trop, hélas, accoutumés à cette sorte de flatterie.

Au point que, si le public les approuve, ou dit les comprendre, ils commencent à craindre d'avoir laissé échapper quelque bévue.

En général, le privilège de voir plus avant que les autres se paye cher sur cette terre.

Singulier et contradictoire état d'esprit de la foule humaine, qui est à la fois irrésistiblement attirée par le Progrès et qui abreuve en même temps d'outrages ceux qui s'efforcent de lui en ouvrir la voie.

Bien heureux encore quand elle ne les crucifie pas ! Mais cela, par bonheur, ne se fait plus guère de nos jours... Donc, passons.

Il existe, au-dessus de toutes les autres (qui en sont comme des rejetons abâtardis) une Philosophie éternelle et universelle, dont l'origine se perd dans la nuit des âges.

Semblable à ces grands fleuves dont les eaux deviennent de plus en plus troubles et bourbeuses à mesure qu'elles s'éloignent davantage de leur source, la grande Philosophie éternelle se souille et se contamine dans son conflit avec les passions humaines, pour finalement devenir ce que nous nommons "les systèmes philosophiques".

Mais le Principe reste pur, malgré cet abondant limon qu'il charrie, et les Sages peuvent le retrouver, partout et toujours identique à lui-même, sous l'innombrable diversité des apparences.

C'est de ce Principe immuable que traite le Kybalion. C'est lui la source même de toute la Philosophie Hermétique.

La voix du Maître des Maîtres, du premier Pharaon de l'Egypte, du trois fois grand Hermès, profère une fois de plus les secrets de l'Eternelle Sagesse, qui ont déjà retenti à travers plus d'une centaine de siècles.

Les Lois suprêmes qui président à la manifestation des Mondes – et de nous-même – y sont exposées dans leur plus pure simplicité.

Le grand problème de la Vie, cette éternelle énigme que le Sphinx fatal pose à tous les Œdipes l'un après l'autre : ce problème ne peut être résolu que par la Science.

Et non pas par la vaine science moderne, qui, exclusivement analytique et matérielle, est d'une impuissance lamentable quand il s'agit de rassembler ses rameaux épars pour en former un édifice tant soit peu systématique et homogène.

C'est la Science ancienne seule qui, *synthétique* de sa nature, de son essence, de sa substance même, nous offre la possibilité de nous arracher aux griffes du Sphinx.

Les Lois de la Vie sont plus importantes que la Matière de la vie, parce que, connaissant les premières, nous dominons la seconde : le Sphinx est notre esclave et non plus notre bourreau.

Sous le nom *d'Art Royal* , ou *d'Art Sacré* , les anciens sacerdotes Egyptiens professaient et pratiquaient tout un ensemble de doctrines qui n'est parvenu jusqu'à nous que par sa réputation et quelques rares vestiges.

Ces doctrines, dans leur ensemble, embrassaient tous les rapports de l'Homme avec la Nature, et leur pratique rendait l'Initié Roi de l'Univers matériel : d'où *Art Royal* .

Mais, comme ces doctrines étaient basées sur le grand axiome sacré de l'Unité du *Tout* , on pouvait encore considérer *l'Art Royal* sous son aspect de science du Premier Principe, c'est-à-dire Science de Dieu, et le dire *Art Sacré* .

Les anciens étaient trop profondément pénétrés du premier axiome hermétique : le *Tout* est Un, pour songer jamais à séparer – comme nous l'avons fait – la Science de la Religion ou de la Philosophie.

Ce fut là la première de nos erreurs et la source de toutes les autres.

Mais, pour les anciens Egyptiens, toute la Nature était la Vie, et la vie était Dieu : donc, quiconque étudiait la Nature devenait, par cela-même, sacerdote de l'Eternel.

Et inversement, tout membre du Collège sacerdotal, en s'instruisant dans cette sainte théologie devenait un savant naturaliste.

Toutefois – et c'est là que la différence avec les Modernes prend les proportions d'un abîme – pour les anciens Egyptiens la Nature comprenait tous les Mondes Invisibles, aussi bien que ce Monde Visible dans lequel se cantonne la science moderne.

Ils étudiaient le Monde des Causes avec autant d'ardeur que nous le Monde des Effets.

De sorte que *l'Art Sacré* était toujours et partout la Science de la Vie : de la vie dans l'Invisible, aussi bien que de cette vie qui tombe sous nos sens.

Et d'ailleurs, l'Homme n'était point pour eux un hors d'œuvre de la Nature : ils le jugeaient simplement un *petit monde* dans le grand, et les mêmes Lois qui régissaient le grand s'appliquaient aussi bien au petit.

Il est à la fois risible et pitoyable, aux yeux des Initiés modernes, de voir attribuer la découverte de la Loi d'Evolution à Darwin, ou celle du mouvement de la terre à Galilée, pour ne citer que deux faits précis.

Quiconque est le moins du monde versé dans les Sciences anciennes, sait que ces deux lois entre mille autres (que nous n'avons pas encore eu le loisir de "découvrir") étaient une parcelle de *l'Art Royal*.

De même, tout ce que Mesmer a bien voulu ressusciter de nos jours sous le nom de "Magnétisme Animal" est une autre bribe du même Art.

La *Chimie* (dont la racine *Khem* est le nom même de l'Egypte), est d'une origine purement Hermétique, et la Transmutation (ou application de l'Evolution aux métaux) était une branche de *l'Art Sacré*.

La Magie, bien entendu (et une Magie telle que nous ne la connaissons plus de nos jours, par suite de l'absence de Maîtres assez évolués pour pouvoir la pratiquer) faisait encore partie de l'Art.

Bref, on pourrait dire assez exactement que *l'Art Sacré* des Sacerdotes Egyptiens était la synthèse de toutes nos sciences modernes, avec la Philosophie, la Religion et bien d'autres Rites en plus.

D'ailleurs le seul but de cet *Art Sacré* était ouvertement d'accélérer l'Evolution du Sage qui le pratiquait, ce qui, nécessairement, présuppose la connaissance de la Loi d'Evolution.

Voilà donc, dans son ensemble, quel est le sujet, le but du Kybalion.

Mais, pour en aborder l'étude fructueuse il est indispensable de commencer par s'élever au-dessus des méthodes habituelles à la science moderne : leur tourner le dos, pour ainsi dire.

Et c'est la logique pure qui nous y conduit.

Car enfin, si la science moderne, avec tous ses développements, nous avait dotés d'une vie saine, harmonieuse, belle et parfaitement heureuse, personne n'aurait l'idée saugrenue de chercher autre chose.

Mais comme, bien au contraire, ses tentatives jusqu'à ce jour n'ont abouti qu'à une civilisation manifestement défectueuse, à une dégénéres-

7

cence menaçante de la race et à des calamités de toute sorte, il est évident qu'il faut nous tourner d'un autre côté pour dompter le Sphinx qui toujours rôde, destructeur, autour de nous.

Notre conscience nous permet de juger l'arbre par le fruit qu'il porte.

Au lieu d'essayer vainement d'étreindre le faisceau, infiniment développé, des manifestations de la Nature, tâchons de maîtriser plutôt le petit nombre des Causes qui les déterminent.

Décidons-nous à saisir les rênes de l'attelage du char de la Vie au lieu de tenter maladroitement de le diriger en poussant aux roues.

La tâche est plus digne de nous et le résultat sera certainement plus heureux.

Reconnaissons sans fausse honte que nous sommes – nous autres modernes – de simples enfants en ce qui concerne la Sagesse, et remontons intrépidement le cours des âges pour retrouver le fil du Labyrinthe que nous avons laissé échapper par mégarde.

Il n'y a pas de honte à s'être trompé ; comme le dit si bien le proverbe latin : c'est humain.

Mais la faute lourde (et grave dans ses conséquences) commence quand on prétend s'entêter dans l'erreur et qu'on veut la faire triompher à tout prix.

On engage ainsi la lutte avec le Sphinx sur son propre terrain, là où il est le plus fort : dans l'Empire du Mal ; cela, c'est son domaine privé : nul ne peut s'y aventurer sans succomber.

Laissons une bonne fois nos yeux s'ouvrir à la vraie Lumière, et nos oreilles à la voix éternelle de la Nature ; cessons notre poursuite insensée des Effets, en la remplaçant par la connaissance et la maîtrise des Causes. Dès lors, le Sphinx vaincu deviendra un aussi bon esclave qu'il était un maître mauvais et cruel.

Toutes les calamités que nous subissons ne sont pas sans remède : elles sont le résultat direct de nos contraventions insouciantes aux Lois de la Nature.

Rentrons dans le chemin direct de l'Évolution, conformons-nous aux Lois de la Vie, et tout aussitôt, nous verrons naître autour de nous la Paix et l'Harmonie.

Car – et c'est par là que je veux terminer – la Science Synthétique est tout aussi importante à *pratiquer* que la Science Analytique.

Tout le monde sait qu'il ne suffit pas de *connaître* les remèdes qu'on devrait appliquer : il faut les *appliquer*.

De même, dans les Sciences psychiques, il ne suffit pas de savoir qu'il faudrait agir ou penser de telle ou telle manière : il *faut* – et il faut de toute nécessité – conformer sa vie à sa conscience ; il faut imperturbablement *pratiquer ce qu'on sait*.

Ce sont les *Actes* qui comptent, aussi bien dans le domaine de l'idéal que dans le monde matériel.

Les Lois du *Kybalion* sont idéalement belles, mais si on ne les réalise pas en pratique, elles seront comme un festin splendide devant lequel on se laisserait mourir de faim.

Albert L. CAILLET *(Paris, Mars 1917)*

Introduction

C'est avec un grand plaisir que nous présentons à l'attention des étudiants et des investigateurs des Doctrines secrètes ce petit ouvrage basé sur les anciens enseignements hermétiques. On a tellement peu écrit sur ce sujet malgré les innombrables références à ces enseignements publiés dans les nombreux ouvrages sur l'occultisme, que les vrais chercheurs des vérités de l'Arcane se réjouiront sans aucun doute de la publication du présent volume.

Le but de cet ouvrage n'est pas d'innover une doctrine ni une philosophie spéciale, il est de donner aux étudiants un exposé de la Vérité qui servira à assembler et à concilier les nombreux fragments de connaissances occultes qu'ils peuvent avoir acquis, et qui, parfois semblent, en apparence, contraires les uns aux autres ; souvent par cela même, ils conduisent au découragement et au dégoût ceux qui débutent dans ces études. Notre intention n'est pas d'ériger un nouveau Temple du Savoir, mais de placer dans les mains de l'étudiant une Maîtresse-Clef, avec laquelle il lui soit possible d'ouvrir les portes les plus profondément cachées du Temple du Mystère qui se trouvent dans les quelques corridors où il a déjà pénétré.

Aucune partie de la science occulte connue du monde n'a été aussi précieusement conservée que les fragments des Enseignements hermétiques qui sont parvenus jusqu'à nous pendant les centaines de siècles qui se sont écoulés, depuis la mort de son grand fondateur, Hermès Trismégiste, "l'Ecrivain des Dieux" qui vécut dans l'ancienne Egypte aux jours où la race actuelle des hommes était dans son enfance. Contemporain d'Abraham, et, si la légende est vraie, instructeur de ce vénérable sage, Hermès était et est encore le Grand Soleil central de l'Occultisme, dont les rayons ont servi à illuminer les innombrables enseignements qui ont été promulgués depuis cette époque. Toutes les doctrines fondamentales qui se rattachent aux enseignements ésotériques de chaque race remontent à Hermès. Même les plus anciens enseignements de l'Inde ont indubitablement leurs racines dans les enseignements hermétiques originaux.

De la région du Gange de nombreux occultistes avancés se rendirent en Egypte et vinrent s'asseoir auprès du Maître. Ils obtinrent de lui la Maîtresse-Clef qui expliqua et concilia leurs divergences de vues ; c'est ainsi que la Doctrine Secrète fut nettement établie. D'autres pays, vinrent également de nombreux savants et tous considéraient Hermès comme le Maître des Maîtres ; bien que, pendant les innombrables siècles qui nous séparent de lui, de nombreux apôtres aient repris ses théories et se soient écartés du chemin qu'il avait indiqué. Son influence fut si grande qu'il est toujours possible d'établir une certaine ressemblance fondamentale entre les théories nombreuses et souvent divergentes propagées aujourd'hui par les occultistes de ces différents pays. Celui qui étudie les Religions et les compare entre elles est capable de percevoir l'influence exercée par la Doctrine hermétique quels que soient leurs noms actuellement connus, que ce soit une religion morte on une religion en pleine vigueur à notre époque. Il existe toujours entre elles un certain rapport malgré des faits souvent contradictoires et la Doctrine Hermétique agit comme la Grande Réconciliatrice.

La vie d'Hermès semble avoir eu pour but de semer les graines de la Vérité qui ont poussé et se sont développées en tant de formes étranges, plutôt que d'établir une école de philosophie qui aurait dominé la pensée du monde. Malgré tout, durant chaque siècle, les vérités originales qu'il a enseignées ont été conservées intactes dans leur pureté première par un certain nombre d'hommes ; ceux-ci, refusant d'admettre à leurs idées un grand nombre d'étudiants et de curieux à inertie développée, ont ponctuellement suivi la doctrine hermétique et ont réservé leurs vérités pour ceux qui étaient bien préparés à les comprendre et à les appliquer. Ces vérités ont été répandues verbalement, confidentiellement, parmi ces quelques hommes. Ainsi, il y a toujours un petit nombre d'Initiés pour chaque génération et dans chaque pays ; ils ont conservé vivante la flamme sacrée de l'Enseignement Hermétique et toujours cherché à utiliser leurs lumières pour rallumer les feux moins ardents du monde extérieur quand la vérité semblait s'obscurcir, s'assombrissait par négligence, et que sa flamme semblait prête à s'éteindre. Il y a toujours eu quelques adeptes pour soigner pieusement l'autel de la vérité sur lequel restait constamment allumée la lampe Perpétuelle de la Sagesse. Ces hommes ont voué leur vie au travail d'amour que le poète a si bien défini en ces termes :

« Ne laissez pas la flamme s'éteindre ! Elle est chérie d'âge en âge dans sa caverne obscure ; dans ses, temples sacrés, elle est chérie. Elle est nourrie par les purs ministres de l'amour ; ne laissez pas la flamme s'éteindre ! »

Ces hommes n'ont jamais cherché l'approbation populaire ni une suite nombreuse d'admirateurs. Ils furent indifférents à ces choses car ils savaient combien peu, dans chaque génération, il y a d'individus prêts à assimiler la vérité ou qui la reconnaîtraient si elle se présentait à eux. Ils ont réservé la "nourriture substantielle aux hommes" pendant que d'autres fournissaient le "lait aux nouveau-nés". Ils ont conservé leurs perles de sagesse pour les quelques élus qui reconnaissaient leur valeur et qui les portaient dans leurs cœurs au lieu de les donner aux matérialistes vulgaires qui les auraient souillées de boue et les auraient assimilées à leur répugnante nourriture mentale. Malgré tout, ces hommes n'ont jamais oublié ni perdu de vue les enseignements originaux d'Hermès en ce qui concerne la vulgarisation des paroles de Vérité à ceux qui sont préparés à les recevoir ; cet enseignement est défini dans le Kybalion comme suit : « *Sous les pas du Maître, les oreilles de ceux qui sont prêts à comprendre sa doctrine s'ouvrent toutes grandes.* » Et encore ceci : « *Quand les oreilles de l'élève sont prêtes à entendre, c'est alors que viennent les lèvres pour les remplir de Sagesse.* » Mais leur attitude habituelle s'est toujours trouvé strictement d'accord avec cet autre aphorisme hermétique qui se trouve également dans le Kybalion : « *Les lèvres de la Sagesse sont closes, excepté aux oreilles de la Raison.* »

Beaucoup de gens ont violemment critiqué les actes des Hermétistes et ont crié partout qu'ils ne manifestaient pas l'esprit original du maître avec leur politique de réclusion et de réticence. Mais un rapide regard en arrière, sur les pages de leur histoire, montrera la sagesse des Maîtres qui n'ignoraient pas la folie d'enseigner au monde des choses pour lesquelles il n'était pas préparé ou qu'il ne voulait pas admettre.

Les hermétistes n'ont jamais cherché à être des martyrs ; ils se sont tenus silencieusement à l'écart avec un sourire de pitié sur leurs lèvres closes ; pendant ce temps le "païen tournait autour d'eux avec rage et fracas", habitué qu'il était à torturer et à égorger les enthousiastes honnêtes mais égarés, qui s'imaginaient pouvoir introduire dans une race de barbares la vérité, susceptible d'être seulement comprise par les élus qui ont déjà fait quelques pas dans la Voie.

L'esprit de persécution n'est pas encore complètement disparu de tous les pays. Il y a certains enseignements hermétiques qui, s'ils étaient publiquement promulgués, feraient s'élever contre leurs propagateurs, un grand cri de mépris et d'injure de la part de la multitude et l'on entendrait de nouveau : "Crucifiez-le ! Crucifiez-le !"

Dans ce petit ouvrage nous nous sommes efforcés de donner une idée des enseignements fondamentaux du Kybalion ; nous y avons décrit plutôt que les détails approfondis les Principes actifs, vous laissant le soin de les appliquer vous mêmes. Si vous êtes un véritable élève vous serez capable de mettre en action et d'utiliser ces principes ; si vous ne l'êtes pas, efforcez-vous d'en devenir un, sinon les Enseignements hermétiques ne seront pour vous que "des mots, des mots et encore des mots".

Trois Initiés

Chapitre I - La Philosophie hermétique

« Les lèvres de la sagesse sont closes, excepté aux oreilles de la Raison. »

Le Kybalion

C'est de l'ancienne Égypte que nous viennent les enseignements ésotériques et occultes fondamentaux qui ont si puissamment influencé les philosophies de toutes les races, des nations et des peuples depuis plusieurs milliers d'années.

L'Égypte, patrie des pyramides et des sphinx était le berceau de la Sagesse cachée et des enseignements mystiques. Tous les pays ont emprunté à ses Doctrines Secrètes. L'Inde, la Perse, la Chaldée, la Médée, la Chine, le Japon, la Syrie, l'ancienne Grèce, Rome et les autres nations anciennes prirent libéralement leur part à la fête du Savoir que les Hiérophantes et les Maîtres du Pays d'Isis avaient si abondamment pourvue pour ceux qui étaient préparés à partager la somme de Science Mystique et Occulte dévoilée par les Maîtres de cette antique contrée.

Dans l'ancienne Égypte ont vécu des Adeptes et des Maîtres qui n'ont jamais été surpassés et rarement égalés durant les siècles qui les ont séparés du grand Hermès. En Égypte se trouvait la Loge des Mystiques. Par la porte de ces Temples entrèrent les Néophytes qui, plus tard, comme Hiérophantes, Adeptes, et Maîtres parcoururent les quatre coins du monde, portant avec eux le précieux savoir qu'ils désiraient ardemment transmettre à ceux qui étaient préparés pour le recevoir. Tous ceux qui étudient les sciences occultes reconnaissent ce qu'ils doivent aux vénérables Maîtres de l'antiquité.

Parmi ces grands Maîtres de l'Ancienne Egypte, vécut un homme que les Maîtres considéraient comme le "Maître des Maîtres". Cet homme, si vraiment c'était un "homme", habita l'Egypte dans les temps les plus reculés. On le connaissait sous le nom d'Hermès Trismégiste. Il était le père de la Sagesse Occulte, le fondateur de l'astrologie et de l'alchimie. Les détails de sa vie sont perdus pour l'histoire, tant sont nombreuses les années qui nous séparent de lui ; cependant quelques uns des anciens pays de l'antiquité se sont disputé, il y a des milliers d'années, l'honneur de sa naissance. La date de son séjour en Egypte, qui constitue sa dernière incarnation sur notre planète, ne nous est pas connue à l'heure actuelle ; on l'a fixée aux premiers jours des plus anciennes dynasties égyptiennes, longtemps avant Moïse. Les auteurs les plus compétents le considèrent comme contemporain d'Abraham ; quelques traditions juives vont même jusqu'à affirmer qu'Abraham a acquis d'Hermès lui-même une grande partie de ses connaissances mystiques.

Dans les années qui suivirent sa disparition du plan de vie terrestre (la tradition rapporte qu'il a vécu 300 ans dans la chair), les égyptiens déifièrent Hermès et le nommèrent Thoth. Plus tard, le peuple de l'ancienne Grèce le compte aussi au nombre de ses nombreux dieux ; il le nomme "Hermès, le dieu de la Sagesse". Les égyptiens ont révéré sa mémoire pendant de nombreux siècles, pendant des dizaines de siècles, l'appelant "l'Ecrivain des Dieux" et lui rendant son ancien titre de "Trismégiste" qui signifie le "Trois-Fois-Grand", le "Grand des Grands", le "Plus Grand des Grands", etc... Dans tous les pays de l'antiquité, le nom d'Hermès Trismégiste synonyme de "Fontaine de Sagesse" était très honoré.

Aujourd'hui, nous utilisons encore le mot "hermétique" dans le sens de "secret fermé, de manière à ce que rien ne puisse échapper", etc., et cela, en raison du fait que les disciples d'Hermès ont toujours eu pour principe d'observer le secret dans leurs enseignements. Ils ne voulaient pas "jeter des perles aux pourceaux" ; ils préféraient donner du "lait aux enfants" et de la "viande aux hommes fats", deux maximes familières aux lecteurs des descriptions chrétiennes mais qui ont été cependant utilisées par les Egyptiens, de nombreux siècles avant notre ère.

Cette politique de dissémination prudente de la vérité a toujours caractérisé les hermétistes, même jusqu'à nos jours. On peut trouver les Doctrines hermétiques dans tous les pays, au sein de toutes les religions, mais on ne peut jamais les rapporter à aucun pays en particulier ni à aucune secte religieuse spéciale. Cela est dû à la crainte, de la part des anciens apôtres, de voir la Doctrine secrète se transformer en une croyance. La Sagesse de cette idée est évidente, pour tous ceux qui ont étudié l'histoire. L'ancien occultisme de l'Inde et de la Perse dégénéra et fut en grande partie perdu parce que ses apôtres devinrent des prêtres ; ils mélangèrent ainsi la théologie à la philosophie ; il en résulta que l'occultisme de l'Inde et de la Perse se perdit graduellement au milieu de la masse des superstitions religieuses, des cultes, des croyances et des "dieux". Il en fut ainsi pour l'ancienne Grèce et Rome. Il en fut ainsi pour les enseignements hermétiques des gnostiques et des premiers chrétiens qui dégénérèrent sous l'influence de Constantin, dont la poigne de fer amalgama la philosophie et la théologie, enlevant à l'école chrétienne ce qui était sa véritable essence, son esprit et l'obligeant à tâtonner pendant plusieurs siècles avant de retrouver le chemin de son ancienne foi ; en effet, tout montre aux observateurs attentifs que dans notre vingtième siècle, l'Eglise lutte pour revenir à ses anciens enseignements mystiques.

Mais il y a toujours eu quelques esprits dévoués qui ont conservé vivante la flamme, la soignant précieusement, et ne lui permettant pas de s'éteindre. Grâce à ces cœurs dévoués et à ces esprits intrépides, nous avons toujours à un degré quelconque avec nous la vérité. Mais elle ne peut la trouver dans les livres. Elle a été transmise du Maître à l'élève, de l'Initié à l'Hiérophante, de la lèvre à l'oreille. Les rares fois où elle a été écrite, on a voilé sa signification en termes d'alchimie et d'astrologie, si bien que seuls, ceux qui ont possédé la clef ont pu la lire correctement. Cette mesure a été nécessaire pour éviter les persécutions des théologiens du moyen-âge qui poursuivaient la Doctrine secrète avec le feu, l'épée, le bûcher, le gibet et la croix. C'est pourquoi, à cette époque, on ne trouve qu'un petit nombre d'ouvrages sérieux sur la Philosophie hermétique. On trouve d'ailleurs d'innombrables allusions à leur sujet dans les nombreux ouvrages modernes, écrits sur les différentes parties de l'occultisme. Du reste la Philosophie hermétique est la seule Maîtresse-Clef capable d'ouvrir les portes des enseignements occultes.

Dans les premiers jours de l'antiquité il existait un certain nombre de doctrines hermétiques fondamentales que le maître transmettait à l'élève et qui étaient connues sous le nom de "Kybalion" ; le sens exact et la signification de ce mot ont été perdus depuis plusieurs siècles. Cet enseignement, cependant, est connu de quelques personnes à qui il a été transmis verbalement, de génération en génération, à travers les siècles. Ces principes n'ont jamais été écrits ni imprimés, aussi loin qu'il nous est possible de nous reporter. C'était simplement une collection de maximes, d'axiomes et de préceptes qui étaient complètement incompréhensibles pour les profanes, mais que les adeptes comprenaient parfaitement une fois expliqués et amplifiés par les Initiés hermétiques à leurs néophytes. Ces enseignements constituaient véritablement les principes fondamentaux de "l'Art de l'Alchimie hermétique" ; celui-ci, contrairement aux croyances générales, donne la prépondérance aux Forces mentales plutôt qu'aux éléments matériels, à la transmutation d'une sorte de vibrations mentales en vibrations d'une autre sorte plutôt qu'à la transformation d'une sorte de métal en une autre. La légende de la "Pierre philosophale" capable de transformer en or un vil métal n'était qu'une allégorie de la Philosophie hermétique, bien comprise seulement des adeptes du véritable hermétisme.

Dans ce petit ouvrage, dont voici la première leçon, nous conseillons à nos élèves, comme il est recommandé dans le Kybalion, et comme nous l'expliquons nous-mêmes, d'étudier les enseignements hermétiques avec l'humble attitude de l'adepte qui, bien que portant le titre d'Initié, travaille toujours aux pieds d'Hermès, le Maître. Plus loin, nous vous donnons un grand nombre de maximes, d'axiomes et de préceptes du Kybalion accompagnés des explications et des éclaircissements qui nous ont paru nécessaires pour rendre les enseignements plus facilement compréhensibles aux adeptes modernes, en particulier lorsque le texte original est écrit à dessein en termes obscurs.

Les maximes originales, les axiomes et les préceptes du Kybalion sont imprimés dans cet ouvrage en italique, dans tous les cas le texte original a été conservé. Notre travail personnel est imprimé en caractères ordinaires dans le corps de la page. Nous espérons que les nombreux élèves à qui nous offrons aujourd'hui ce petit ouvrage, tireront de l'étude de ces pages autant de profit qu'en ont tiré ceux qui les ont précédés sur le chemin de la Maîtrise, durant les siècles qui se sont écoulés depuis Hermès Trismégiste, le Maître des Maîtres, le Grand des Grands. Parmi les paroles du Kybalion on trouve celles-ci ;

« Sous les pas du Maître les oreilles de ceux qui sont prêts à comprendre sa doctrine s'ouvrent toute grandes. »

Le Kybalion

« Quand les oreilles de l'élève sont prêtes à entendre, c'est alors que viennent les lèvres pour les remplir de Sagesse. »

Le Kybalion

Si l'on en croit les Enseignements, ce passage de l'ouvrage attirera l'attention de ceux qui sont prêts à les comprendre. Et, quand l'élève sera prêt à recevoir la Vérité, c'est alors que lui viendra ce petit livre. Telle est la Loi. Le Principe hermétique de la Cause et de l'Effet sous son aspect de la Loi d'Attraction, rassemblera les lèvres et les oreilles, l'élève et l'ouvrage.

Qu'il en soit ainsi.

Chapitre II - Les Sept principes hermétiques

« Les principes de la vérité sont au nombre de sept ; celui qui les connaît et qui les comprend possède la clef magique qui ouvrira toutes les Portes du Temple avant même de les toucher. »

Le Kybalion

Les Sept principes hermétiques, sur lesquels la Philosophie hermétique tout entière est basée, sont les suivants :

1) Le Principe de Mentalisme.

2) Le Principe de Correspondance.

3) Le Principe de Vibration.

4) Le Principe de Polarité.

5) Le Principe de Rythme.

6) Le Principe de Cause et d'Effet.

7) Le Principe de Genre.

Ces sept principes seront discutés et commentés au fur et à mesure que nous avancerons dans ces leçons. Cependant, dès maintenant, nous allons donner une courte explication de chacun.

1) Le Principe de Mentalisme

« Le Tout est Esprit ; l'Univers est Mental. »

Le Kybalion

Ce Principe implique cette vérité que "*Tout est Esprit* ". Il explique que le *Tout* qui est la Réalité Substantielle se trouvant dans toutes les manifestations et les apparences extérieures que nous connaissons sous le nom "d'Univers Matériel", "Phénomène de la Vie", "Matière", "Energie", et en un mot tout ce qui est apparent (à nos sens matériels) est Esprit lequel, en lui-même, est inconnaissable et indéfinissable, mais qui peut être considéré et pensé comme un Esprit Universel, Infini, Vivant. Il explique encore que le monde ou l'univers "phénoménal" n'est qu'une simple Création Mentale du *Tout* sujette aux Lois des Choses Créées ; que l'univers considéré dans son entier ou dans ses parties, existe dans l'Esprit du *Tout*, que c'est dans cet Esprit "que nous vivons, que nous agissons et que nous sommes nous-mêmes". Ce Principe, en établissant la Nature Mentale de l'Univers, explique facilement tous les divers phénomènes mentaux et psychiques qui occupent une si grande place dans l'attention publique et qui, sans explications, ne sont pas compréhensibles et défient toute interprétation scientifique. Comprendre ce grand Principe hermétique du Mentalisme permet à l'individu de saisir avec facilité les lois de l'Univers Mental, et de les appliquer à son bien-être et à son perfectionnement. L'Etudiant hermétique est capable d'appliquer intelligemment les grandes Lois Mentales au lieu de s'en servir au hasard. En possession de la Maîtresse-Clef, l'étudiant peut ouvrir les innombrables portes du temple mental et psychique du savoir, et y pénétrer librement et intelligemment. Ce principe explique la véritable nature de "l'Energie", du "Pouvoir" et de la "Matière" et pourquoi et comment ils sont subordonnés à la Maîtrise de l'Esprit. Un des vieux Maîtres hermétiques a écrit il y a bien longtemps : "Celui qui comprend la vérité de la Nature Mentale de l'Univers est déjà bien avancé sur le Chemin de la Maîtrise." Ces paroles sont aussi vraies aujourd'hui qu'elles l'étaient au temps où elles furent écrites. Sans Maîtresse-Clef, la Maîtrise est impossible, et l'élève s'en va frapper en vain aux innombrables portes du Temple.

2) Le Principe de Correspondance

« *Ce qui est en Haut est comme ce qui est en Bas ; ce qui est en Bas est comme ce qui est en Haut.* »

Ce Principe implique la Vérité qu'il y a toujours un rapport constant entre les lois et les phénomènes des, divers plans de l'Etre et de la Vie. Le vieil axiome hermétique l'explique en ces termes. « *Ce qui est en Haut est comme ce qui est en Bas ; ce qui est en Bas est comme ce qui est en Haut* ». Comprendre ce principe confère les moyens de résoudre bien des paradoxes obscurs et bien des secrets cachés de la Nature. Il existe des plans de vie que nous ignorons complètement ; mais quand nous leur appliquons le Principe de Correspondance, nous devenons capables de comprendre plus loin qu'il ne nous aurait été possible de le faire autrement. Il se manifeste et s'applique partout dans l'univers, sur les divers plans de l'univers matériel, mental et spirituel ; c'est une Loi Universelle. Les anciens hermétistes le considéraient comme un des instruments mentaux les plus importants à l'aide duquel l'homme était capable de renverser victorieusement les obstacles qui surgissaient en face de l'Inconnu. C'est à lui qu'il fut possible d'écarter le Voile d'Isis au point d'entrevoir dans un éclair une partie de la figure de la déesse. De même que la connaissance des Principes de Géométrie permet à l'astronome assis dans son laboratoire de mesurer la distance des astres et de suivre leurs mouvements, de même la connaissance du Principe de Correspondance permet à l'homme de déduire intelligemment l'Inconnu du Connu. En étudiant la monade, il comprend l'archange.

3) Le Principe de Vibration

« Rien ne repose ; tout remue ; tout vibre. »

Ce Principe implique la vérité que "tout est en mouvement", "tout vibre", "rien n'est à l'état de repos", faits que la science moderne accepte et que toute nouvelle découverte scientifique tend à vérifier. Il y a des milliers d'années que les Maîtres de l'ancienne Egypte ont énoncé ce Principe hermétique. Il explique que les différences existant entre les diverses manifestations de la Matière, de l'Energie, de l'Ame, et même de l'Esprit, sont la conséquence d'une proportion inégale de Vibrations. Depuis le *Tout*, qui est l'Esprit Pur, jusqu'aux formes les plus grossières de la matière, tout vibre ; plus grande est la vibration, plus haute est la position sur l'échelle. La vibration, de l'Esprit est tellement intense et si infiniment rapide qu'elle est pratiquement en repos, de même qu'une roue qui tourne avec une grande rapidité paraît arrêtée. A l'autre extrémité de l'échelle il y a les formes grossières de la matière dont les vibrations sont si lentes qu'elles paraissent ne pas exister. Entre ces deux pôles opposés, il y a des millions et des millions de degrés différents de vibrations. Depuis le corpuscule et l'électron, depuis l'atome et la molécule jusqu'aux mondes et aux univers, tout se meut, tout vibre. Cela est vrai également pour l'énergie et pour la force, qui ne sont que des degrés différents de vibration ; cela est vrai encore pour le plan mental dont les vibrations régissent l'état, et même pour le plan spirituel. L'étudiant en hermétisme qui comprend bien ce Principe et ses formules appropriées est capable de contrôler ses propres vibrations mentales aussi bien que celles des autres. Les Maîtres utilisent également ce Principe de diverses manières pour triompher des phénomènes de la nature. *Celui qui a compris les principe de la Vibration, s'est emparé du sceptre du pouvoir*, a dit un ancien écrivain.

4) Le Principe de Polarité

« Tout est Double ; toute chose possède des pôles ; tout a deux extrêmes ; semblable et dissemblable ont la même signification ; les pôles opposés ont une nature identique mais des degrés différents ; les extrêmes se touchent ; toutes les vérités ne sont que des demi-vérités ; tous les paradoxes peuvent être conciliés. »

Le Kybalion

Ce Principe implique la vérité que "tout est double", "tout a deux pôles", "tout a deux extrêmes" ; ces phrases sont de vieux axiomes hermétiques. Elles expliquent les anciens paradoxes qui ont rendu perplexes tant de gens et que l'on a exprimés comme il suit : "La thèse et l'antithèse ont une nature identique, mais des degrés différents" ; "les contraires sont semblables et ne diffèrent que par leur degré" ; "les pôles opposés peuvent se concilier" ; "les extrêmes se touchent" ; "tout est et n'est pas, en même temps" ; "toutes les vérités ne sont que des demi-vérités" ; "toute vérité est à moitié fausse" ; "il y a deux faces à chaque chose", etc., etc. Le Principe de Polarité explique que, dans toute chose, il y a deux pôles, deux aspects opposés, et que les "contraires" ne sont en réalité que les deux extrêmes du même objet entre lesquels sont intercalés des degrés différents. Par exemple : le chaud et le froid bien "qu'opposés" sont en réalité une seule et même chose ; ils se distinguent simplement par une différence de degrés. Consultez votre thermomètre et voyez s'il vous est possible de découvrir où le "chaud" se termine et où le "froid" commence ! Il n'existe pas un "chaud absolu" ni un "froid absolu" ; ces deux termes "chaud" et "froid" indiquent simplement des degrés différents de la même chose, et cette "même chose" qui se manifeste comme "chaud" et "froid" est une simple forme, une Variante de la Vibration., Ainsi "chaud" et "froid" ne sont que les "deux pôles" de ce que nous appelons "Chaleur", et les phénomènes qui les accompagnent sont les manifestations du Principe de Polarité. Le même Principe est vrai dans le cas de "Lumière" et "Obscurité", qui sont une seule et même chose, la distinction consistant en une différence de degrés entre les deux pôles du phénomène. Quand la "nuit" nous quitte-t-elle et quand le "jour" commence-t-il ? Quelle différence y a-t-il entre "Grand et Petit ?" Entre "Facile et Difficile ?" Entre "Blanc et Noir ?" Entre "Tranchant et émoussé ?" Entre "Calme et Inquiet ?" Entre "Haut et Bas ?" Entre "Positif et Négatif ?" Le Principe de Polarité explique ces paradoxes et aucun autre ne peut le remplacer. C'est encore, le même Principe qui agit dans le plan mental. Prenons un exemple extrême, mais radical, celui de la "Haine et de l'Amour", deux états mentaux en apparence totalement différents. Et encore, il y a différents degrés dans la Haine et dans l'Amour ; il y a même des sentiments intermédiaires pour lesquels nous employons les mots de "Sympathie" et "d'Antipathie" qui arrivent à se confondre si étroitement qu'on a souvent beaucoup de difficulté à savoir si quelqu'un vous est sympathique, antipathique ou s'il vous est indifférent. Ces sentiments opposés ne sont que des degrés différents d'un sentiment unique, comme vous le comprendrez si vous voulez bien y réfléchir un petit instant. Mieux que tout cela, et les hermétistes y attachent une importance bien plus considérable, il est possible de changer, dans son propre esprit et dans l'esprit des autres, des vibrations de Haine en vibrations d'Amour. Beaucoup d'entre vous, qui lisez ces lignes, ont fait l'expérience personnelle de la transition rapide involontaire qui peut se faire entre l'Amour et la Haine, et vice versa, en votre propre personne et en celle des autres. Vous comprendrez alors qu'il vous est possible de réaliser cette chose à l'aide de votre Volonté, en utilisant les formules hermétiques. Le "Bien" et le "Mal" ne sont que des pôles différents d'une même chose ; l'hermétiste connaît l'art de transformer le Mal en Bien, par l'application du Principe de Polarité. En somme, "l'Art de Polarisation" devient une phase de "l'Alchimie Mentale", connue et pratiquée par les Maîtres anciens et modernes de l'Hermétisme. La compréhension de ce Principe permet de modifier sa propre Polarité aussi bien que celle des autres, si l'on veut consacrer le temps et l'étude nécessaire pour devenir un maître de l'art.

5) Le Principe de Rythme

« *Tout s'écoule, au dedans et au dehors ; toute chose a sa durée ; tout évolue puis dégénère ; le balancement du pendule se manifeste dans tout ; la mesure de son oscillation à droite est semblable à la mesure de son oscillation à gauche ; le rythme est constant.* »

Le Kybalion

Ce principe implique la vérité qu'il se manifeste dans toute chose un mouvement mesuré d'allées et venues, un flux et un reflux, un balancement en avant et en arrière, un mouvement pareil à celui d'un pendule, quelque chose de semblable à la marée montante et descendante, à une mer pleine et à une mer basse ; ce mouvement d'allées et venues se produit entre les deux pôles, dont le Principe de Polarité décrit il y a quelques instants, nous a montré l'existence. Il y a toujours une action et une réaction, un progrès et un recul, un maximum et un minimum. Il en est ainsi pour tous les éléments de l'Univers, les soleils, les mondes, les hommes, les animaux, l'esprit, l'énergie et la matière. Cette loi se manifeste dans la création et la destruction des mondes, dans le progrès et la décadence des nations, dans la vie de toute chose et enfin dans l'état mental de l'homme ; c'est pour cette dernière chose que les hermétistes estiment plus importante la compréhension du principe. Les hermétistes l'ont bien compris ; ils ont trouvé que son application était universelle ; ils ont aussi découvert certains moyens pour annihiler en eux-mêmes ses effets par l'usage des formules et des méthodes appropriées. Ils appliquent la Loi Mentale de la Neutralisation. Ils ne peuvent annuler le Principe ni arrêter son cours, mais ils ont appris à éviter ses effets sur eux-mêmes à un certain degré qui dépend de leur degré de Maîtrise. Ils ont appris à *l'utiliser*, au lieu *d'être utilisés* par lui. C'est en cela et en des méthodes similaires que consiste l'Art des hermétistes. Le Maître en hermétisme se polarise lui-même au point où il veut rester ; puis il neutralise le balancement Rythmique du pendule qui tendrait â le transporter vers l'autre pôle. Tous ceux qui ont acquis un certain degré de Maîtrise-personnelle agissent ainsi dans une certaine mesure, plus ou moins inconsciemment ; le Maître, au contraire, le fait consciemment, par l'usage de sa Volonté ; il finit par atteindre un degré d'Equilibre et de Fermeté Mentale presque incroyable de la part des masses qui sont tirées en avant et en arrière comme un pendule. Ce Principe et le Principe de Polarité et les méthodes pour les contrecarrer, les neutraliser, ont été minutieusement étudiés par les hermétistes, et les utiliser constituent une partie importante de l'Alchimie Hermétique Mentale.

6) Le Principe de Cause et d'Effet

« Toute Cause a son Effet ; tout Effet a sa Cause ; tout arrive conformément à la Loi ; la Chance n'est qu'un nom donné à la Loi méconnue ; il y a de nombreux plans de causalité, mais rien n'échappe à la Loi. »

Le Kybalion

Ce Principe implique le fait qu'il existe une Cause pour tout Effet produit et un Effet pour toute Cause. Il explique que : "Tout arrive conformément à la Loi" ; que "jamais rien n'arrive fortuitement" ; que le Hasard n'existe pas ; que, puisque il y a des plans différents de Cause et d'Effet, et que le plan supérieur domine toujours le plan inférieur, rien ne peut échapper entièrement à la Loi. Les hermétistes connaissent jusqu'à un certain point l'art et les méthodes de s'élever au-dessus du plan ordinaire de la Cause et de l'Effet. En s'élevant mentalement à un plan supérieur, ils deviennent la Cause au lieu d'être l'Effet. Les foules se laissent docilement emmener ; elles obéissent à tout ce qui les entoure, aux volontés et aux désirs de ceux qui sont plus puissants qu'elles, à l'hérédité, à la suggestion, et à toutes les autres causes extérieures qui les dirigent comme de simples pions sur l'Echiquier de la Vie. Les Maîtres, au contraire, s'élevant sur le plan supérieur, dominent leurs sentiments, leur caractère, leurs qualités et leurs pouvoirs aussi bien que ce qui les environne ; ils deviennent des Maîtres au lieu d'être des pions. Ils jouent le jeu de la vie au lieu d'être joués et dirigés par la volonté des autres et par les influences extérieures. *Ils se servent* du Principe au lieu d'être ses outils. Les Maîtres obéissent à la Causalité du plan supérieur, mais ils règnent sur leur propre plan. Il y a, dans cette affirmation une véritable fortune de connaissances hermétiques. Le comprenne qui pourra.

7) Le Principe de Genre

« Il y a un genre en toutes choses ; tout a ses Principes Masculin et Féminin ; le Genre se manifeste sur tous les plans. »

Le Kybalion

Ce Principe implique la vérité que le Genre existe en tout ; les Principes Masculin et Féminin sont constamment en action. Cela est vrai, non seulement sur le Plan Physique, mais encore sur le Plan Mental et même sur le Plan Spirituel. Sur le Plan Physique, le Principe se manifeste sous la forme du sexe ; sur le Plan Supérieur, il prend des formes plus élevées, mais il est toujours le même. Aucune création physique, mentale ou spirituelle n'est possible sans lui. La compréhension de ses Lois jettera la lumière sur bien des sujets qui ont constamment rendu perplexes l'esprit des hommes. Le Principe du Genre agit toujours pour créer et pour régénérer. Toute chose, tout individu, contient les deux Eléments Masculin et Féminin ou le grand Principe lui-même. Tout Elément Mâle a son Elément Féminin ; tout Principe Féminin contient le Principe Mâle. Si vous voulez comprendre la Philosophie de la Création et de la Régénération Mentale et Spirituelle, vous devez étudier et comprendre ce Principe hermétique. Il renferme la solution d'un grand nombre des mystères de la Vie. Nous tenons à vous avertir qu'il n'a aucune parenté avec les nombreuses théories fondamentales, pernicieuses et dégradantes, avec les enseignements et les pratiques qui sont répandues sous des titres de fantaisie et qui ne sont qu'une prostitution du Grand Principe naturel du Genre. De telles réminiscences des anciennes formes infamantes du Phallicisme tendent à ruiner l'intelligence, le corps et l'esprit ; la Philosophie hermétique s'est toujours élevée avec indignation contre ces enseignements dégradés qui conduisent à la luxure, aux passions immodérées et à la perversion des principes de la Nature. Si ce sont eux que vous recherchez, quittez immédiatement ce livre ; l'Hermétisme n'a rien qui puisse vous être utile. Pour ceux qui sont purs, tout est pur ; pour ceux qui sont vils, tout est vil.

Chapitre III - La Transmutation mentale

« L'Esprit, de même que les métaux et les éléments, peut passer d'un état à un état différent, d'un degré à un autre, d'une condition à une autre, d'un pôle à un autre pôle, d'une vibration à une autre vibration. La Vraie Transmutation Hermétique est un Art Mental. »

Le Kybalion

Comme nous l'avons, déjà dit, les hermétistes ont été les premiers alchimistes, les premiers astrologues et les premiers psychologues et c'est Hermès qui a été le fondateur de toutes ces écoles de la pensée. De l'Astrologie est sortie l'Astronomie moderne ; de l'Alchimie est sortie la Chimie moderne ; de la Psychologie mystique est née la psychologie de nos écoles. Mais, on ne doit pas supposer que les anciens ignoraient et que les écoles modernes croient leur propriété spéciale et exclusive. Les hiéroglyphes gravés sur les monuments de l'ancienne Egypte prouvent, de toute évidence, que les anciens avaient une connaissance parfaite de l'astronomie ; d'ailleurs, les Pyramides ont été construites dans le but de servir à l'étude de cette science. Ils n'ignoraient pas non plus la Chimie ; en effet, les fragments des écritures anciennes qui sont parvenus jusqu'à nous montrent qu'ils étaient familiers avec les propriétés chimiques des corps ; à vrai dire, les anciennes théories concernant la Physique sont lentement vérifiées par les découvertes toutes récentes de la science moderne, surtout en ce qui concerne la constitution de la matière. Il n'est pas non plus permis de supposer qu'ils ignoraient les découvertes soi-disant modernes en Psychologie ; bien au contraire, les Egyptiens étaient particulièrement érudits en science psychologique, surtout dans les branches que les écoles modernes ignorent encore mais qui, malgré tout, commencent à paraître au jour sous le nom de "sciences psychiques" ; celles-ci rendent bien perplexes les philosophes d'aujourd'hui, mais ils commencent cependant à admettre "qu'il pourrait bien, après tout, y avoir quelques vérités en elles."

En réalité, en dehors de la Chimie, de l'Astronomie et de la Psychologie matérielle (il s'agit ici de la psychologie dans sa phase d'action mentale) les anciens possédaient une connaissance étendue d'Astronomie transcendantale, c'est-à-dire d'astrologie, de chimie transcendantale appelée alchimie, de psychologie transcendantale c'est-à-dire psychologie mystique. Ils possédaient le Savoir Intérieur aussi bien que le Savoir Extérieur, tandis que les savants modernes ne possèdent que ce dernier. Parmi les nombreuses branches secrètes de connaissances qu'avaient les Hermétistes, se trouvait celle qui est connue sous le nom de Transmutation Mentale et constitue le sujet de cette leçon.

"Transmutation" est un mot communément employé pour désigner l'art ancien de la transmutation des métaux grossiers en or. Le mot

"Transmuter" signifie "changer une nature, une forme ou une substance en une autre ; la transformer" (Webster). Par suite, la "Transmutation Mentale" est l'art de changer, de transformer des états, des formes et des conditions mentales en d'autres conditions de nature différente. Il vous est maintenant facile de comprendre que la Transmutation Mentale n'est que "l'Art de la Chimie Mentale", ou si vous préférez, une forme de Psychologie Mystique pratique.

Mais ce mot signifie encore plus qu'il ne paraît. La Transmutation, l'Alchimie ou la Chimie sont assez importantes dans leurs effets sur le Plan Mental pour ne pas être mises en doute. Si "l'Art de la Chimie Mentale" s'en tenait là, il serait tout de même une des branches d'études les plus importantes connues de l'homme. Mais, ce que nous avons dit ne constitue qu'un commencement. Voyons pourquoi.

Le Premier des Sept Principes Hermétiques est le Principe du Mentalisme, dont l'axiome est : "Le TOUT *est Esprit* " ; "*l'Univers est Mental* ", ce qui signifie que la Réalité de l'Univers est Esprit et que l'Univers, lui-même, est Mental, c'est-à-dire qu'il "*existe dans l'Esprit* DU TOUT". Nous étudierons complètement ce Principe dans les prochaines leçons ; voyons dès maintenant si son effet est véritable.

Si l'Universel est Mental, la Transmutation Mentale doit être l'art de modifier les conditions de l'Univers, en ce qui concerne la Matière, la Force et l'Esprit. Vous voyez donc que la Transmutation Mentale est vraiment la "Magie" dont les anciens écrivains ont tant parlé dans leurs ouvrages mystiques, mais pour laquelle ils ont donné si peu d'instructions pratiques. Si *Tout* est Mental, l'art pourra permettre à tout individu de transmuter ses conditions mentales ; il pourra rendre le Maître contrôleur des conditions matérielles aussi bien que de celles ordinairement appelées mentales.

Dans tous les cas, seuls les Alchimistes Mentaux avancés ont été capables d'atteindre le degré de pouvoir suffisant pour être à même de contrôler les conditions physiques les plus imposantes comme les éléments de la Nature, la production ou la cessation des tempêtes, la production ou la cessation des tremblements de terre et les autres grands phénomènes physiques. Le fait que de tels hommes ont existé et qu'il en existe encore aujourd'hui est accepté de tous les occultistes avancés de nos différentes écoles. Que les Maîtres existent et qu'ils aient en leur possession ces pouvoirs, les meilleurs professeurs l'affirment à leurs élèves, ayant vu des faits, des exemples qui les justifient dans de telles croyances et de telles affirmations Ces Maîtres ne font pas une exhibition publique de leurs pouvoirs ; au contraire, ils s'isolent des foules dans le but de suivre plus consciencieusement le Chemin de l'Idéal. Nous mentionnons leur existence à cet endroit de notre livre, pour appeler votre attention sur le fait que leur pouvoir est entièrement Mental, et qu'il agit en suivant les lois de la Transmutation Mentale supérieure et du Principe Hermétique du Mentalisme. "*L'Univers est Mental*".

Mais les élèves et les hermétistes inférieurs aux Maîtres, aux Initiés et aux Professeurs sont également capables de réaliser avec facilité la Transmutation sur le Plan Mental. En résumé, tout ce que nous appelons "phénomène psychique", "influence mentale", "science mentale", "phénomène de pensée nouvelle", etc., obéit aux mêmes lois générales ; de quelque nom qu'on désigne le phénomène, il n'y a jamais qu'un seul principe invoqué.

L'élève et le praticien de la Transmutation Mentale agissent dans le Plan Mental, transformant les conditions et les états mentaux en des conditions et des états différents, grâce à un certain nombre de formules plus ou moins efficaces. Les divers "traitements", "affirmations", "dénégations", etc., des écoles de la science mentale, ne sont que des formules de l'Art hermétique, souvent très imparfaites et peu scientifiques. La majorité des praticiens modernes est très ignorante, si on la compare aux anciens maîtres, car il lui manque les connaissances fondamentales sur lesquelles tout l'ouvrage est basé.

Non seulement il est possible à quelqu'un de changer ou de transmuter ses propres états mentaux à l'aide des Méthodes hermétiques, mais encore il lui est possible de modifier les états des autres ; d'ailleurs il en est constamment ainsi, quelquefois inconsciemment mais plus souvent consciemment de la part de quelques individus qui ont compris les lois et les principes de protection personnelle. Mieux encore, comme un grand nombre d'adeptes et de praticiens de la science mentale moderne le savent, toute condition matérielle inhérente à l'esprit des autres individus peut être modifiée ou transmutée grâce à un désir ardent, à une volonté puissante, et aux "agissements" de ceux qui désirent changer leurs conditions de vie. Le public est généralement si bien informé à notre époque de ces sortes de choses qu'il ne nous a pas paru nécessaire de décrire longuement leurs procédés ; notre but est plutôt de montrer simplement que l'Art et le Principe hermétique se trouvent sous toutes sortes de pratiques, si différentes qu'elles puissent paraître, qu'elles soient bonnes ou mauvaises ; la force, en effet, peut être utilisée dans deux directions contraires, suivant le Principe hermétique de la Polarité.

Dans ce petit ouvrage, nous décrirons les principes, fondamentaux de la Transmutation Mentale, celui qui les lira aura beaucoup de chances pour bien comprendre les Principes sous-jacents, et posséder ainsi la Maîtresse-Clef susceptible d'ouvrir les nombreuses portes du Principe de Polarité.

Nous allons continuer maintenant par l'étude du premier des Sept Principes Hermétiques, le Principe du Mentalisme, qui explique la vérité que "LE TOUT *est Esprit* ; *l'Univers est Mental*", selon les paroles du Kybalion. Nous recommandons à nos élèves la plus grande attention et une étude très sérieuse de cet important Principe, car c'est vraiment le Principe fondamental de toute la Philosophie Hermétique, et de l'Art Hermétique de la Transmutation Mentale.

Chapitre IV - Le Tout

« Derrière l'Univers du Temps et de l'Espace se cache toujours la Réalité Substantielle, la Vérité Fondamentale. »

Le Kybalion

"Substance" signifie : "ce qui se trouve sous n'importe quelle manifestation extérieure ; c'est l'essence, la réalité essentielle, la chose en elle-même", etc. "Substantiel" signifie : "Actuellement existant, étant l'élément essentiel, étant réel", etc. "Réalité" signifie : "l'état d'une chose réelle, vraie, durable, solide, fixe, permanente, actuelle", etc.

Derrière toute apparence et toute manifestation extérieure, il doit toujours y avoir une Réalité Substantielle. Telle est la Loi. L'homme qui considère l'Univers, dont il constitue une unité, ne peut voir que les changements qui se produisent dans la matière, dans les forces et dans les états mentaux. Il voit que vraiment rien *n'existe* , mais que tout *naît* et *évolue* . Rien ne reste en repos ; tout naît, grandît et meurt ; à l'instant même où une chose atteint son apogée elle commence à décliner ; la loi du rythme se manifeste constamment ; il n'y a en aucune chose ni réalité ni qualité durable, ni fixité, ni substantialité ; rien n'est permanent, tout change. Cet homme voit toutes les choses naître d'autres choses et prendre une autre forme ; il voit constamment une action et une réaction, un flux et un reflux, une construction et une démolition, une création et une destruction, la naissance, l'évolution et la mort. Rien ne reste stable, tout Change. Si c'est un penseur, il comprend que chacune de ces choses changeantes ne doit être que l'apparence, la manifestation extérieure de quelque Pouvoir sous-jacent, de quelque Réalité substantielle.

Les penseurs, sans exception, dans tous les pays et dans tous les temps, ont compris la nécessité de l'existence de cette réalité substantielle. Toutes les philosophies dignes de porter ce nom ont été basées sur cette pensée. Les hommes ont donné à cette Réalité substantielle de nombreux noms ; quelques-uns l'ont désignée sous le nom de Déité ; d'autres l'ont appelée "l'Energie Infinie et Eternelle" ; d'autres encore ont essayé de l'appeler "Matière" ; mais tous ont reconnu son existence. Elle est évidente par elle-même ; elle n'a besoin d'aucun argument, d'aucune preuve.

Dans ces leçons, nous avons suivi l'exemple de quelques-uns des plus grands penseurs anciens et modernes du monde des Maîtres hermétistes. Nous avons appelé ce Pouvoir sous-jacent, cette Réalité Substantielle du nom Hermétique de "*le Tout* " ; nous estimons que ce mot est le plus facile à comprendre des nombreuses expressions appliquées par l'homme à la chose qui est au-dessus de n'importe quel nom et de n'importe quelle dénomination.

Nous acceptons et nous enseignons le point de vue des grands penseurs hermétiques de tous les temps aussi bien que celui de ces esprits illuminés qui ont atteint les plans supérieurs de l'être ; tous affirment que la nature profonde du *Tout* est *Inconnaissable* . Il doit, en effet, en être ainsi, car personne ne peut comprendre son être et sa nature propre, même à l'aide du *Tout* lui-même.

Les hermétistes croient et enseignent que le *Tout* , "en lui-même, est et doit toujours être Indéfinissable." Ils considèrent toutes les théories, toutes les conjectures et toutes les spéculations des théologiens et des métaphysiciens, concernant la nature profonde du *Tout* , comme l'effort enfantin d'esprits mortels pour saisir le secret de l'Infini. De tels efforts ont toujours échoué et doivent échouer toujours par la nature même du travail. Celui qui poursuit de telles enquêtes parcourt de tous côtés le labyrinthe de la pensée ; il finit par s'égarer, par perdre tout raisonnement, toute action, toute conduite saine et raisonnable et par devenir impropre au travail de la vie. Il ressemble à l'écureuil qui court avec frénésie sur la roue mobile de sa cage ; voyageant toujours et n'aboutissant nulle part, il reste prisonnier et se trouve toujours à l'endroit d'où il est parti.

Plus présomptueux encore sont ceux qui tentent d'attribuer au *Tout* leur personnalité, leurs qualités, leur caractère et leurs propres attributs, lui octroyant les émotions, les sentiments et les caractéristiques humaines, lui donnant même les plus grands défauts de l'humanité, tels que la jalousie, la tendance à la flatterie et aux éloges, le désir des honneurs et la cupidité, et tout ce qui subsiste des Jours où notre race était encore à son enfance. De telles idées ne sont pas dignes d'hommes et de femmes éclairés et doivent être rapidement écartées.

A cet endroit il nous paraît convenable de signaler que nous faisons une distinction entre la Religion et la Théologie, entre la Philosophie et la Métaphysique. Pour nous, la religion n'est qu'une réalisation intuitive de l'existence du *Tout* ; la Théologie, c'est la tentative des hommes de lui attribuer une personnalité, des qualités et des caractéristiques, de lui octroyer leurs théories concernant leurs affaires, leur volonté, leurs désirs, leurs plans et de se faire les "intermédiaires" entre lui et le peuple. Pour nous, la Philosophie est une recherche en vue de connaître les choses connaissables et pensables ; tandis que la Métaphysique est la tentative de mener l'enquête plus profondément, en dehors des limites ordinaires, dans des régions inconnaissables et impensables, et dans les mêmes intentions que la Théologie. En conséquence, la Religion et la Philosophie sont pour des choses qui ont leurs racines dans la Réalité, tandis que la Théologie et la Métaphysique nous apparaissent comme des roseaux brisés, enracinés dans les sables mouvants de l'ignorance et ne constituant qu'un support fragile pour l'intelligence et l'esprit de l'homme. Nous ne voulons pas insister auprès de nos élèves pour leur faire accepter cette définition ; nous la mentionnons simplement pour bien définir notre position. D'ailleurs, dans ces leçons, nous ne parlerons que très modérément de Théologie et de Métaphysique.

Pendant que la nature essentielle du *Tout* est *Inconnaissable* , il existe certaines vérités liées à son existence que l'esprit humain se trouve disposé à accepter. Un examen de ces rapports constitue un sujet intéressant d'enquête, surtout quand ils se concilient avec les théories des Illuminés des plans supérieurs. Nous vous conseillons énergiquement de faire dès maintenant cette enquête.

« Ce qui est la Vérité Fondamentale, la Réalité Substantielle, n'a nul besoin d'une dénomination spéciale, mais les Hommes Eclairés l'appellent LE TOUT. »

Le Kybalion

« Dans son Essence, LE TOUT EST INCONNAISSABLE. »

Le Kybalion

« Cependant, l'exposé de la Raison doit être reçu avec la plus grande hospitalité et traité avec respect. »

Le Kybalion

La raison humaine que nous devons écouter religieusement tant qu'il nous est possible de penser, nous renseigne comme il suit au sujet du *Tout* et, cela, sans chercher à écarter le voile de l'Inconnaissable.

(1) Le *Tout* doit être Tout ce qui est *réellement*. Il ne peut rien exister en dehors du *Tout*, sinon Le *Tout* ne serait pas Le *Tout*.

(2) Le *Tout* doit être *Infini*, car rien ne peut définir, confirmer, limiter ou restreindre Le *Tout*. Il doit être infini dans le Temps, c'est-à-dire éternel ; il doit avoir constamment existé, car il n'existe rien qui ait été susceptible de le créer ; quelque chose ne peut pas descendre de rien : s'il "n'avait pas existé", même pendant un très court instant, il "n'existerait" pas actuellement ; il doit être destiné à exister constamment dans l'avenir, car rien ne peut le détruire ; il ne pourra jamais "ne pas être", même pendant un moment, parce que quelque chose ne peut jamais devenir rien. Il doit être Infini dans l'Espace ; il doit être Partout, car il n'y a pas de place en dehors du *Tout* ; il ne peut être que continu dans l'Espace, sans fêlure, sans coupure, sans séparation ou sans interruption, car il n'existe rien qui puisse le briser, séparer ou interrompre sa continuité et rien qui puisse "fermer les brèches". Il doit être Infini en Pouvoir, c'est-à-dire Absolu, car rien n'est susceptible de le limiter, de le restreindre, de le réprimer, de le confiner, de le déranger ou de le maîtriser ; il n'est soumis à aucun autre Pouvoir, parce qu'il n'existe aucun autre Pouvoir.

(3) Le *Tout* doit être *Immuable*, c'est-à-dire non sujet à modifier sa nature intime, car rien n'est capable d'opérer des changements en lui ; il n'existe rien en quoi il puisse se changer, ni d'où il puisse venir. On ne peut rien lui ajouter ni rien lui retrancher ; on ne peut l'augmenter ni le diminuer ; il ne peut devenir plus grand ou plus petit à quelque point de vue que ce soit. Il doit avoir toujours été et doit rester toujours exactement comme il est aujourd'hui : Le *Tout* ; il n'a jamais été, il n'est pas actuellement et ne sera jamais autre chose en quoi il puisse se changer.

Le *Tout* étant Infini, Absolu, Eternel et Inchangeable, il doit naturellement s'en suivre que rien de fini, de changeable, d'éphémère et de conditionné puisse être Le *Tout*. Et comme il n'y a rien en dehors Du

Tout, toutes les choses finies doivent être Nulles en Réalité. Ne vous effrayez pas ; nous n'avons pas l'intention, sous le couvert de la Philosophie hermétique de vous faire parcourir le champ de la Science Chrétienne. Il est possible de concilier ces deux états en apparence contradictoires ; prenez patience, nous y arriverons quand le moment sera venu.

Nous voyons autour de nous que ce qu'on appelle "Matière", constitue la fondation physique de toutes les formes existantes. Le *Tout* est-il simplement de la Matière ? Pas du tout ! La Matière ne peut manifester de la Vie ni de l'Intelligence, et comme la Vie et l'Intelligence se manifestent dans l'Univers, Le *Tout* ne peut être Matière, car rien ne peut atteindre plus haut que sa propre source, rien ne se manifeste dans l'effet qui ne soit déjà dans la cause, rien n'existe comme conséquence qui ne soit pas déjà antécédent. En effet, la Science Moderne nous informe qu'il n'existe en réalité aucune chose que l'on puisse appeler Matière ; ce que nous appelons Matière n'est simplement qu'une "énergie ou une force interrompue", c'est-à-dire, une énergie ou une force possédant un degré très faible de vibration. Comme un écrivain l'a dit récemment "la Matière s'est confondue en Mystère". La Science Matérielle elle-même a abandonné la théorie de la Matière et repose maintenant sur la base de "l'Energie".

Le *Tout* est-il donc simplement de l'Energie ou de la Force ? Pas, en tous cas, de l'Energie ou de la Force comme les matérialistes l'entendent, car leur énergie et leur force sont aveugles, mécaniques, et dénuées de Vie ou d'Intelligence. La Vie et l'Intelligence ne peuvent provenir en aucun cas d'une Energie ou d'une Force aveugle pour la raison que nous avons donnée il y a un moment : "Rien ne peut atteindre plus haut que sa propre source ; rien n'est appliqué qui ne soit déjà impliqué ; rien ne se manifeste dans l'effet qui ne soit déjà dans la cause.". Ainsi Le *Tout* ne peut pas être une simple Energie ni une simple Force ; s'il en était ainsi, il ne pourrait pas y avoir dans l'existence des choses telles que la Vie et l'Intelligence ; or, nous savons que ces choses existent car nous sommes Vivants et nous utilisons notre Intelligence à étudier cette question ; ainsi raisonnent ceux qui proclament que l'Energie n'est pas Le *Tout* .

Qu'est-ce donc que cette chose supérieure à la Matière et à l'Energie que nous savons exister dans l'Univers ? C'est la Vie et l'Intelligence ! C'est la Vie et l'Intelligence dans tous leurs degrés divers d'épanouissement ! "Mais alors, allez-vous demander, prétendez-vous nous enseigner que Le *Tout* , c'est la Vie et l'Intelligence ?" Oui, et Non ! Répondronsnous. Si vous entendez la Vie et l'Intelligence comme nous les connaissons, nous, pauvres mortels insignifiants, nous dirons : Non ! Le *Tout* n'est pas cela ! "Mais, allez vous demander, quelle sorte de Vie et d'Intelligence voulez-vous dire ?"

Nous répondrons : "l'Intelligence vivante, bien supérieure à tout ce que les mortels entendent par ces mots, la Vie et l'Intelligence n'étant pas comparables à des forces mécaniques ou à de la matière ; ce que nous voulons dire, c'est l'Intelligence vivante infinie, comparée à la Vie et à l'Intelligence finies". Nous voulons dire ce que les esprits illuminés comprennent quand ils prononcent respectueusement le mot : "Esprit !"

"Le *Tout* ", c'est l'Intelligence Vivante Infinie ; les Illuminés l'appellent Esprit !

Chapitre V - L'Univers mental

« L'Univers est Mental ; il est contenu dans l'âme DU TOUT. »

Le Kybalion

Le *Tout* est *Esprit* ! Mais qu'est ce que l'Esprit ? Il est impossible de répondre à cette question, pour cette raison que sa définition est pratiquement celle Du *Tout* qu'on ne peut expliquer ou définir. Esprit n'est qu'un mot que les hommes donnent à la conception, supérieure de l'Ame Vivante Infinie ; il signifie la "Réelle Essence" ; il signifie l'Ame Vivante, bien supérieure à la Vie et à l'Ame que nous connaissons, comme celles-ci sont elles-mêmes supérieures à l'Energie mécanique et à la Matière. L'Esprit dépasse notre entendement ; nous nous servons de ce nom simplement quand nous pensons au *Tout* et que nous voulons parler de lui. Pour notre pensée et notre compréhension, nous avons raison de considérer l'Esprit comme l'Ame Vivante Infinie, tout en reconnaissant en même temps qu'il nous est impossible de la comprendre entièrement. Nous devons agir ainsi, ou cesser tout à fait de penser à la matière.

Nous allons étudier maintenant la nature de l'Univers, dans son tout et dans ses parties. Qu'est ce que l'Univers ? Nous avons déjà vu qu'il ne peut rien exister en dehors du *Tout* . L'Univers est-il donc le *Tout* ? Non, il n'en peut être ainsi, car l'Univers semble formé de nombreuses choses ; il change constamment ; en un mot, il ne se soumet pas complètement aux idées que nous avons résolu d'accepter concernant le *Tout* et que nous avons expliquées dans notre dernière leçon. Alors si l'Univers n'est pas Le *Tout* , il doit être "Rien", telle est la conclusion inévitable de notre esprit, au premier abord. Mais cette réponse ne peut nous satisfaire, car nous sommes conscients de l'existence de l'Univers. Donc, si l'Univers n'est ni le *Tout* , ni Rien, que peut-il être ? Examinons en détail cette question.

Si l'Univers existe ou parait exister, il doit provenir d'une manière quelconque du *Tout* ; il doit être une création du *Tout* . Mais comme il est impossible que quelque chose ait été créé de rien, de quoi le *Tout* peut-il l'avoir créé ? Quelques philosophes ont répondu à cette question en disant que le *Tout* avait créé l'Univers de Lui-même, c'est-à-dire, avec l'essence et la substance du *Tout* . Mais cela ne peut pas être car nous avons vu précédemment qu'on ne pouvait rien soustraire au *Tout* et qu'on ne pouvait pas le diviser ; même s'il en était ainsi, est-ce que la moindre particule de l'Univers pourrait ignorer son propre être, Le *Tout* ? Le *Tout* ne pourrait pas perdre la connaissance de lui-même, pas plus qu'il ne pourrait devenir un atome, une force aveugle ou une chose d'un degré inférieur de vie. Quelques hommes se sont imaginé que Le *Tout* était Tout en réalité ; reconnaissant que, eux, les hommes, existaient, ils en sont arrivés à cette conclusion que eux et Le *Tout* étaient identiques et ils ont rempli l'atmosphère de leurs cris : "Je suis Dieu", au grand amusement de la multitude et à la grande douleur des sages. L'atome s'écriant : "Je suis Homme" serait modeste, en comparaison.

Qu'est-ce donc, en vérité, que l'Univers, si ce n'est pas Le *Tout* et s'il n'a pas été créé par le *Tout* qui se serait fragmenté en plusieurs morceaux ? Que peut-il être ? De quoi peut-il être fait ? Voilà la grande question. Examinons-la soigneusement. Nous savons que le "Principe de Correspondance" (voyez la première leçon) vient constamment à notre aide. Le vieil axiome hermétique "Ce qui est en Haut est comme ce qui est en Bas" peut nous rendre de grands services dans la conjoncture où nous nous trouvons. Nous allons essayer de donner une idée des opérations des plans supérieurs en examinant celle du nôtre. Le Principe de Correspondance peut s'appliquer à ce problème aussi bien qu'à d'autres.

Voyons ! Sur son propre plan de vie, comment l'homme fait-il pour créer ? D'abord, il peut créer en faisant sortir quelque chose des matériaux qui l'entourent. Il ne peut en être ainsi dans le plan supérieur, car il n'existe pas de matériaux en dehors du *Tout* avec lesquels celui-ci puisse créer. Ensuite, l'Homme peut procréer ou reproduire sa race par l'accouplement, qui est une multiplication personnelle dite du transfert d'une portion de sa substance intime à sa descendance. Il ne peut encore en être ainsi, car Le *Tout* ne peut donner ou soustraire une partie de lui-même, de même qu'il ne peut se reproduire ou se multiplier ; dans le premier cas, il y aurait multiplication ou addition Au *Tout* ; nous avons vu que ces deux choses étaient également absurdes. N'existe-t-il pas une troisième manière que l'homme puisse employer pour créer ? Sans doute. L'homme peut créer mentalement ! En agissant ainsi, il n'utilise aucun matériel extérieur et il ne se reproduit pas lui-même ; cependant son Esprit accomplit la Création Mentale.

D'après le Principe de Correspondance, nous sommes autorisés à penser que le *Tout* a créé l'Univers Mentalement, par le même procédé que l'homme crée des images mentales. C'est justement ici que la voix de la Raison s'accorde avec la voix des Illuminés, comme leurs enseignements et leurs ouvrages l'ont montré. Tels sont les enseignements des Sages. Tel était l'enseignement d'Hermès.

Le *Tout* ne peut pas créer autrement que mentalement, sans utiliser des matériaux (nous avons vu qu'il n'en existait pas autour de lui) et sans se reproduire lui-même, ce qui est également impossible. Nous ne pouvons échapper à cette conclusion de la Raison qui, ainsi que nous venons de le dire, concorde avec les enseignements supérieurs des Illuminés. De même qu'il vous est possible, à vous, mon élève, de créer un Univers dans votre mentalité, de même Le *Tout* peut créer l'Univers dans sa propre Mentalité. Mais, votre Univers, à vous, est la création mentale d'un Esprit Fini, tandis que celui du *Tout* est la création d'un Esprit Infini. Ils sont tous deux d'espèce semblable, mais ils diffèrent infiniment en degré. Dans la suite, nous étudierons plus complètement le processus de création et de manifestation. Mais, dès maintenant, il faut imprimer fortement dans votre esprit ceci : *L'Univers, et tout ce qu'il contient, est une création mentale du Tout. Réellement, sans le moindre doute, tout est Esprit !*

« LE TOUT crée dans son Esprit Infini des Univers sans nombre qui existent pendant des milliers de siècles ; et cependant, pour LE TOUT, la création, l'évolution, le déclin et la mort d'un million d'Univers ne paraît pas plus long qu'un clignement de paupières. »

Le Kybalion

« L'Esprit Infini DU TOUT est le sein des Univers. »

Le Kybalion

Le Principe du Genre (voyez la première leçon et les chapitres qui vont suivre) se manifeste sur tous les plans de vie, matériel, mental et spirituel. Mais, comme nous l'avons déjà dit, "Genre" ne signifie pas "Sexe" ; le sexe n'est qu'une manifestation matérielle du Genre. "Genre" signifie "se rapportant à la génération ou à la création". Partout où quelque chose est créé, sur un plan quelconque de la vie, le Principe du Genre doit se manifester. Et cela est vrai également, même pour la création des Univers.

Surtout, n'allez pas vous empresser de conclure que nous enseignons qu'il y a un Dieu ou un Créateur mâle ou femelle. Cette idée n'est qu'une altération des anciens enseignements sur ce sujet. Le véritable enseignement nous apprend que Le *Tout* en lui-même, est au-dessus du Genre, comme il est au-dessus de n'importe quelle autre Loi, y compris celles du Temps et de l'Espace. Il est la Loi d'où découlent les autres Lois et il ne leur est pas soumis. Mais quand Le *Tout* se manifeste sur le plan de la génération et de la création, il agit alors en concordance avec la Loi et le Principe, car il se meut sur un plan inférieur de l'Existence. En conséquence, il manifeste le Principe du Genre, sous des aspects Masculins et Féminins et cela, naturellement, sur le Plan Mental.

Cette idée peut paraître renversante à ceux qui l'entendent pour la première fois ; cependant chacun de vous l'a passivement acceptée dans ses relations quotidiennes. Vous parlez constamment de la Paternité de Dieu, le Père Divin, de la Maternité de la Nature, la Mère Universelle ; vous avez ainsi instinctivement l'intuition du Principe du Genre dans l'Univers. Est-ce vrai ?

La doctrine hermétique n'implique pas une dualité réelle ; Le *Tout* est Un ; les Deux Aspects qu'il possède quelquefois ne sont que des différences de manifestation. L'idée directrice de l'enseignement est que le Principe Masculin manifesté par Le *Tout* se tient, dans un sens, en dehors de la création mentale actuelle de l'Univers. Il dirige sa Volonté sur le Principe Féminin, que nous pouvons appeler "Nature", c'est ainsi que commence le travail actuel de l'évolution de l'Univers, à partir de simples "centres d'activité" qui se trouvent dans l'homme ; l'évolution progresse et devient de plus en plus élevée, tout s'accordant pour établir convenablement et fortifier puissamment les Lois de la Nature. Si vous préférez les anciennes images de la pensée, vous pouvez vous représenter le Principe Masculin sous la forme de Dieu, le Père, et le Principe Féminin sous la forme de la Nature, la Mère Universelle, du sein de laquelle toutes les choses ont été créées. Cela n'est pas simplement une figure poétique du langage ; c'est une véritable idée du processus actuel de la création de l'Univers. Mais souvenez-vous toujours que Le *Tout* est *Un* et que c'est dans son Esprit Infini que l'Univers a été créé et existe actuellement.

Appliquer la Loi de Correspondance à vous-même et à votre propre Esprit pourra vous aider à acquérir des idées justes. Vous savez que cette partie de vous-même que vous appelez "Je", reste à part et n'est qu'un simple témoin de la création des Images mentales dans votre Esprit. La partie de votre esprit dans laquelle s'accomplit la génération mentale peut s'appeler le "Moi" pour la distinguer du "Je" qui reste témoin inactif et ne fait qu'examiner les pensées, les idées et les images du "Moi". "Ce qui est en Haut est comme ce qui est en Bas", souvenez-vous en bien ; les phénomènes qui se produisent sur un plan de vie peuvent être employés à résoudre les mystères des plans supérieurs et inférieurs.

Trouvez-vous surprenant que Vous, qui êtes un enfant, perceviez ce respect instinctif pour Le *Tout* , sentiment que nous appelons "religion", ce respect et cette déférence pour *l'Esprit paternel* ? Trouvez-vous surprenant que, lorsque vous considérez les travaux et les merveilles de la Nature, vous soyez saisi d'un sentiment violent qui a ses racines profondément enfoncées dans votre être le plus intime ? C'est *l'esprit Maternel* que vous pressez tendrement contre vous comme un enfant sur votre poitrine.

Ne commettez pas l'erreur de supposer que le petit monde que vous voyez autour de vous, la Terre, qui n'est qu'un simple grain de sable dans l'Univers, est l'Univers lui-même. Il y a des millions et des millions de mondes pareils qui sont infiniment plus grands encore. Et il y a des millions et des millions de semblables Univers qui existent au sein de l'Esprit Infini du *Tout* . Et même dans notre petit système solaire, il existe des régions et des plans de vie de beaucoup supérieurs aux nôtres et des êtres auprès desquels, pauvres mortels aveugles, nous sommes comme ces animaux informes et gluants qui reposent sur le lit de l'Océan. Il existe de ces êtres qui possèdent des pouvoirs et des attributions bien supérieurs à ce que l'Homme a toujours rêvé de voir en la possession des dieux. Et cependant ces êtres n'ont existé qu'une fois comme vous, puis ils ont dégénéré ; vous deviendrez aussi puissants qu'eux, mais vous vous perfectionnerez toujours et ne dégénérerez pas ; telle est la Destinée de l'Homme, comme l'enseignent les Illuminés.

La Mort n'est pas réelle, même dans le sens Relatif du mot ; ce n'est que le Berceau d'une nouvelle vie ; vous monterez plus haut, toujours plus haut, vers des plans de vie plus élevés et toujours supérieurs. L'Univers est votre patrie ; vous explorerez ses retraites les plus cachées avant la fin des Temps. Vous habitez dans l'Esprit Infini du *Tout* ; vos possibilités et vos facultés sont infinies à la fois dans le temps et dans l'espace. Quand viendra la fin du grand Cycle des Siècles, quand Le *Tout* attirera de nouveau en lui la plus infime de ses créations, vous partirez joyeusement, car vous serez alors capable de comprendre cette vérité que vous allez être Un avec le *Tout*. Ainsi parlent les Illuminés, ceux qui ont déjà bien avancé dans la Voie.

Pour l'instant, restez calmes et confiants ; vous êtes garantis et protégés par le Pouvoir Infini de *l'Esprit Paternel* et *Maternel*.

« Au sein de l'Esprit Paternel et Maternel, les enfants mortels sont chez eux. »

Le Kybalion

« Il n'existe personne, dans l'Univers, qui soit sans Père, ni Mère. »

Le Kybalion

Chapitre VI - Le Divin paradoxe

« Les demi-initiés, reconnaissant la non-réalité relative de l'Univers, s'imaginent qu'ils peuvent défier ses Lois ; ce sont des sots insensés et présomptueux qui vont se briser contre les écueils et que les éléments déchirent à cause de leur folie. Le véritable initié, connaissant la nature de l'Univers, se sert de la Loi contre les lois, du supérieur contre l'inférieur, et par l'Art de l'Alchimie, il transmute les choses viles en des choses précieuses ; c'est ainsi qu'il triomphe. La Maîtrise ne se manifeste pas par des rêves anormaux, des visions et des idées fantastiques, mais par l'utilisation des

forces supérieures contre les forces inférieures, en évitant les souffrances des plans infé-
rieurs en vibrant sur les plans supérieurs. La Transmutation, non pas une négation
présomptueuse est l'épée du Maître. »

Le Kybalion

Tel est le Paradoxe de l'Univers résultant du Principe de Polarité qui se manifeste quand Le *Tout* commence à créer ; il faut le suivre ponctuellement, car il établit la différence entre la demi-sagesse et la sagesse. Quant au *Tout infini* , l'Univers, ses Lois, ses Pouvoirs, sa Vie, ses Phénomènes, sont comme des choses encore à l'état de Méditation et de Rêve ; cependant pour tout ce qu'il a de fini, l'Univers doit être considéré comme Réel ; la vie, l'action, la Pensée, doivent être basées là-dessus sans oublier toutefois la compréhension constante de la Vérité Supérieure. Tout, cependant, doit obéir à ses propres Plans et à ses propres Lois. Si, Le *Tout* s'imaginait que l'Univers était vraiment Réel, alors malheur à l'Univers, car il ne serait plus possible de passer de l'inférieur au supérieur ; l'Univers deviendrait immobile et tout progrès serait impossible. Et si l'homme, par sa demi-sagesse agit, vit et pense en considérant l'Univers comme un simple rêve semblable à ses propres rêves finis, cet Univers devient véritablement ainsi pour lui ; et, comme un piéton mal éveillé, il titube de tous côtés et marche dans un cercle, ne faisant aucun progrès, et finalement se réveille en sursaut quand il tombe, se meurtrit et se blesse contre les Lois Naturelles qu'il ignorait. Gardez constamment votre esprit dirigé vers l'Etoile, mais que votre regard soit toujours dirigé sur vos pieds, sinon vous tomberez dans la fange parce que vous regardez en l'air. Rappelez-vous bien le divin Paradoxe. En même temps l'Univers *est* et *n'est pas* . N'oubliez jamais les Deux Pôles de la Vérité, l'Absolu et le Relatif. Méfiez-vous des demi-Vérités.

Ce que les Hermétistes connaissent comme "la Loi du Paradoxe" n'est qu'un aspect du Principe de Polarité. Les écritures hermétiques sont pleines de références sur l'apparition du Paradoxe dans la considération des problèmes de la Vie et de l'Etre. Les Maîtres préviennent constamment leurs élèves contre l'erreur souvent commise d'oublier "l'autre côté" de toute question. Leurs avertissements s'appliquent plus particulièrement aux problèmes de l'Absolu et du Relatif, qui embarrassent tous les étudiants en philosophie, et qui font penser et agir tant d'individus contrairement à ce que l'on appelle ordinairement le "sens commun". Nous conseillons à tous les élèves d'être bien sûrs de saisir le Divin Paradoxe de l'Absolu et du Relatif, sinon ils s'enliseront dans la fange de la demi-Vérité. C'est dans ce but que cette leçon en particulier a été écrite. Lisez là avec soin ! La première pensée qui vient à l'esprit de celui qui a compris la vérité que l'Univers est une Création Mentale Du *Tout*, est que l'Univers et tout ce qu'il contient est une simple illusion, une irréalité ; et, contre cette idée, son instinct se révolte. Mais, comme toutes les autres grandes vérités, on doit considérer celle-ci à la fois du point de vue Absolu et du point de vue Relatif. Du point de vue absolu, l'Univers comparé au *Tout* en lui-même parait une illusion, un rêve, une fantasmagorie. Nous reconnaissons cela même à notre point de vue ordinaire, car nous parlons du monde comme "un spectacle changeant" qui va et vient, qui naît et meurt ; en effet, les éléments de changement et d'impermanence, d'indéfini et d'insubstantiel, doivent toujours se concilier avec l'idée d'un Univers créé, quand il s'oppose à l'idée Du *Tout*, quelles que soient nos idées au sujet de la nature de l'un et de l'autre.

Philosophe, métaphysicien, savant et théologien, tous acceptent cette idée, et on la retrouve dans toutes les formes des pensées philosophiques et des conceptions religieuses, aussi bien que dans les théories des différentes écoles de métaphysique et de théologie.

Ainsi les Enseignements hermétiques, ne prêchent pas l'insubstantialité de l'Univers dans des termes plus énergiques que ceux qui vous sont familiers bien que leur manière de présenter le sujet puisse paraître quelque peu étonnante. Tout ce qui a un commencement et une fin doit être faux et irréel ; l'Univers subit également la règle dans toutes les écoles de la pensée. Du point de vue absolu il n'y a rien de réel que Le *Tout*, de quelque terme dont nous puissions nous servir pour y penser ou pour discuter le sujet. Que l'Univers soit créé de Matière ou qu'il soit une Création Mentale dans l'Esprit du *Tout*, il est insubstantiel, non durable ; il est une chose de temps, d'espace et de changement. Nous voudrions que vous compreniez parfaitement ce fait avant d'établir votre jugement sur la conception hermétique de la nature Mentale de l'Univers. Pensez un peu aux autres conceptions, quelles qu'elles soient, et vous verrez que ce que nous avons dit est vrai pour la moindre d'entre elles.

Mais le point de vue Absolu nous montre seulement une face du tableau ; l'autre face est le point de vue Relatif. La Vérité Absolue a été définie : "Les choses telles que l'Esprit de Dieu les connaît", tandis que la Vérité Relative a été décrite : "Les choses telles que la plus haute raison de l'Homme les comprend". Ainsi, pour Le *Tout*, l'Univers doit être irréel et illusoire ; il doit être un simple rêve ou le résultat d'une méditation ; au contraire, pour les esprits finis qui sont une partie de cet Univers et qui le contemplent à travers leurs facultés mortelles, l'Univers est absolument vrai et doit être considéré comme tel. En reconnaissant le point de vue Absolu, nous ne devons pas commettre la faute d'ignorer ou de nier les faits et les phénomènes de l'Univers tels qu'ils se présentent à nos facultés mortelles ; nous ne sommes pas Le *Tout*, ne l'oubliez pas.

Nous reconnaissons tous que la Matière "existe" pour nos sens ; nous faisons fausse route si nous ne le reconnaissons pas. Et cependant nos esprits finis comprennent parfaitement ce dicton scientifique que la Matière n'existe pas, si l'on se place au point de vue scientifique ; ce que nous appelons Matière est considéré comme une agglomération d'atomes, lesquels atomes sont eux-mêmes un groupement d'unités de force appelés électrons ou "ions", vibrant sans cesse et tournant constamment. Poussons une pierre avec le pied ; nous percevons le contact ; elle nous semble parfaitement réelle, bien que nous sachions ce qu'elle est vraiment. Mais souvenez-vous que notre pied qui perçoit le contact par l'intermédiaire de notre cerveau est également de la matière, constituée également d'électrons et que par conséquent c'est aussi de la matière qui constitue notre cerveau. D'ailleurs si notre Esprit n'existait pas, nous ignorerions à la fois l'existence du pied et de la pierre.

L'idéal que l'artiste ou le sculpteur tente de reproduire dans la pierre ou sur la toile lui apparaît tout à fait réel. Il en est ainsi dans l'esprit de l'auteur ou du tragédien des caractères qu'il s'efforce de décrire ou d'interpréter pour que d'autres puissent les reconnaître. Et s'il en est ainsi dans le cas de nos esprits finis, quel devra être le degré de Réalité dans les Images Mentales créées dans l'Esprit de l'Infini ? Oh, mes amis, pour les mortels, cet Univers de Mentalité est bien réel en vérité ; c'est le seul que nous soyons destinés à connaître jamais, bien que dans lui, nous passions d'un plan à un autre plan, d'un degré supérieur à un degré supérieur encore. Pour le connaître plus complètement, comme le prouve notre expérience actuelle, nous devons être Le *Tout* lui-même. Il est vrai que plus haut nous nous élevons dans l'échelle, plus près nous approchons de "l'esprit du Père", plus apparente devient la nature illusoire des choses finies, mais ce n'est que lorsque Le *Tout* nous rappellera à lui que ces choses finies nous apparaîtront inexistantes.

Ainsi nous ne devons pas succomber à l'illusion. Maintenant que nous reconnaissons la nature réelle de l'Univers, cherchons à comprendre ses lois mentales et efforçons-nous de les utiliser dans le but d'obtenir le meilleur effet possible pour notre progrès dans la vie, quand nous quitterons un plan pour nous élever à un plan supérieur de l'être. Les Lois de l'Univers ne sont pas moins des "Lois d'Acier" à cause de leur nature mentale. Tout excepté Le *Tout* est régi par elles. Ce qui est *dans l'Esprit infini* du *Tout* n'est réel à un degré inférieur que parce que la Réalité elle-même fait partie de la nature du *Tout* .

Ainsi ne vous croyez pas isolé ou abandonné nous faisons tous partie de *l'Esprit infini* du *Tout* ; personne ne peut nous porter atteinte, nous n'avons personne à craindre. Aucun Pouvoir en dehors du *Tout* ne peut nous influencer. Nous trouverons tout un monde de confort et de sécurité dans cette réalisation quand nous l'aurons acquise. "Dormons en paix, bercés dans le Lit de l'Abîme", nous reposant avec sécurité dans le sein de l'Océan de l'Esprit Infini, qui est le *Tout* . Dans le *Tout* "nous vivons et nous agissons vraiment".

La Matière n'est pas moins Matière pour nous, quand nous agissons sur le plan physique, bien que nous sachions qu'elle est simplement formée d'un agrégat "d'électrons", de particules de Force, vibrant avec rapidité et tournant les unes autour des autres pour former des atomes, ceux-ci à leur tour vibrant et tournant pour former des molécules, lesquelles, en s'assemblant, donnent des volumineuses masses de Matière. La Matière n'est pas encore moins Matière, quand nous poussons plus loin l'enquête et que la Doctrine hermétique nous enseigne que la "Force" dont les électrons ne sont que des unités est simplement une manifestation de l'Esprit du *Tout* et, comme toutes les autres choses dans l'Univers, est de nature purement Mentale. Quand nous sommes sur le Plan Physique, nous devons reconnaître ces phénomènes ; nous pouvons contrôler la Matière, comme tous les Maîtres le font à un plus ou moins haut degré, mais nous devons le faire en utilisant les forces supérieures. C'est folie de nier l'existence de la Matière sous son aspect relatif. Nous pouvons nier son empire sur nous-même, à juste titre d'ailleurs, mais nous ne devons pas l'ignorer dans son aspect relatif, aussi longtemps que nous agissons sur son plan.

Les Lois de la Nature ne deviennent pas non plus moins constantes ou moins effectives quand nous les connaissons pour de simples créations mentales. Elles sont en pleine puissance sur les divers plans. Nous maîtrisons toujours les lois inférieures en appliquant des lois supérieures et de cette manière seulement. Mais il nous est impossible d'échapper à la Loi ou de nous passer entièrement d'elle. Seul Le *Tout* peut échapper à la Loi, et cela parce que le *Tout* est la Loi elle-même d'où dérivent toutes les autres Lois. Les maîtres les plus avancés peuvent acquérir les pouvoirs attribués ordinairement aux dieux des hommes ; il existe d'innombrables grades dans notre existence, dans la grande hiérarchie de la vie ; le pouvoir qui leur est attribué peut dépasser celui des Maîtres supérieurs et atteindre un degré insoupçonné des mortels ; mais, même grands, les Maîtres, même les Etres supérieurs doivent obéir à la Loi et rester Rien aux yeux du *Tout*. Ainsi, ces êtres supérieurs, dont les pouvoirs sont plus considérables que ceux conférés par les hommes à leurs dieux, étant dominés et assujettis à la Loi, imaginez-vous la présomption de l'homme mortel, de notre race et de notre grade, quand il ose considérer les lois de la Nature comme "irréelles", imaginaires et illusoires, parce qu'il est parvenu a comprendre cette vérité que les Lois sont de nature Mentale et de simples Créations Mentales du *Tout* . Ces lois que Le *Tout* considère comme des Lois gouvernantes ne doivent pas être niées ou méprisées. Aussi longtemps que l'Univers durera, il leur sera assujetti, car l'Univers existe en vertu de ces Lois qui constituent sa charpente et qui le soutiennent.

Le Principe hermétique du Mentalisme, en basant la véritable nature de l'Univers sur le principe que tout est Mental, ne modifie en rien les conceptions scientifiques de l'Univers, de la Vie et de l'Evolution. En fait, la science confirme seulement les Enseignements hermétiques. Ceux-ci enseignent simplement que l'Univers est de nature "Mentale", pendant que la science moderne a enseigné qu'il est "Matériel", et en dernière analyse, qu'il n'est autre chose que de "l'Energie". La Doctrine hermétique ne fait pas fausse route en acceptant le principe fondamental d'Herbert Spencer qui affirme l'existence d'une "Energie Infinie et Eternelle, d'où dérivent toutes choses". En fait, les hermétistes reconnaissent dans la philosophie de Spencer un exposé supérieur des ouvrages des Lois Naturelles et ils considèrent le grand maître comme la réincarnation d'un ancien philosophe qui habitait l'ancienne Egypte il y a des milliers de siècles et qui, plus tard, s'était incarné dans le corps d'Héraclite, le philosophe Grec qui vivait en l'an 500 avant Jésus-Christ. Ils estiment que son idée de "l'Energie Eternelle et Infinie", s'accorde parfaitement avec la Doctrine hermétique en ajoutant toutefois qu'elle est l'Energie de l'Esprit du *Tout* . Avec la Maîtresse-Clef de la Philosophie hermétique, l'étudiant de Spencer sera capable de s'ouvrir en des horizons philosophiques du grand philosophe anglais, dont les travaux montrent nettement ses incarnations antérieures. Ses enseignements concernant l'Evolution et le Rythme concordent parfaitement avec les Enseignements hermétiques et en particulier avec le Principe du Rythme.

Les adeptes de l'Hermétisme n'ont donc besoin de retrancher aucune des idées favorites de Spencer au sujet de l'Univers. Tout ce que nous leur demandons, c'est de bien saisir le principe sous-jacent : "Le *Tout* est Esprit ; l'Univers est Mental ; il est contenu dans, l'Esprit du *Tout* ." Ils se rendront compte que les six autres Principes s'accorderont bien avec leurs connaissances scientifiques et leur serviront à résoudre des questions ténébreuses et à jeter la lumière dans les endroits obscurs. Cela ne doit pas être de nature à nous étonner, si nous comprenons l'influence qu'a eue la pensée hermétique sur la Philosophie primitive de la Grèce qui a servi de base à toutes les théories modernes de la science. L'acceptation du Premier Principe Hermétique, le Principe du Mentalisme, est la seule grande différence qui existe entre la Science Moderne et la Doctrine hermétique ; la Science, d'ailleurs, se rapproche de plus en plus des positions Hermétiques dans la marche aveugle qu'elle fait dans l'obscurité pour sortir du labyrinthe dans lequel elle s'est égarée en cherchant la vérité.

Le but de cette leçon est de bien ancrer dans l'esprit des étudiants le fait que, dans tous les cas, sans exception, l'Univers, ses lois et ses phénomènes en ce qui concerne l'homme, sont *réels* , juste autant qu'ils le seraient avec les hypothèses du Matérialisme ou les théories de l'Energie. Dans n'importe quelle doctrine, l'Univers, sous son aspect extérieur, est changeant, transitoire et, par suite, dépourvu de substantialité et de réalité. Mais, notez bien le deuxième pôle de la vérité : avec les mêmes hypothèses, nous sommes contraints *d'agir* et de *vivre* comme si les choses constamment changeantes étaient réelles et substantielles. Il existe toutefois cette différence qu'anciennement le Pouvoir Mental était ignoré comme Force Naturelle, et qu'actuellement, avec le Principe du Mentalisme, il devient une Force Naturelle Supérieure. Cette seule différence révolutionne entièrement la Vie de ceux qui comprennent le Principe et les lois qui en résultent.

Ainsi, étudiants, tous autant que vous êtes, comprenez à connaître, à utiliser et à appliquer les lois qui en découlent. Mais, comme le recommande le Kybalion, ne succombez pas à la tentation du demi-sage qui se laisse hypnotiser par l'irréalité apparente des choses ; celui-ci, en effet, erre de tous côtés comme un individu vivant dans un monde de rêves, ignorant le travail pratique et la vie réelle de l'homme ; finalement "il vient se briser contre les écueils et se trouve déchiré par les éléments, à cause de sa folie". Suivez plutôt l'exemple du sage, comme le recommande encore le Kybalion : « *Utilisez les Lois contre les Lois ; le supérieur contre l'inférieur ; et par l'Art de l'Alchimie, transmutez les choses viles en des choses précieuses, c'est ainsi que vous triompherez.* » Suivons donc les conseils du Kybalion ; évitons la demi-sagesse qui n'est que folie, et qui ignore cette vérité que « *La Maîtrise ne se manifeste pas par des rêves, des visions anormales, ou des idées fantastiques, mais qu'elle consiste à utiliser les forces supérieures contre les forces inférieures, à échapper aux souffrances des plans inférieurs en vibrant sur les plans supérieurs.* » Souvenez vous bien, étudiants, que « *La Transmutation, non pas une négation présomptueuse, est l'épée du maître.* » Les citations qui précèdent sont du Kybalion, et doivent se fixer profondément dans la mémoire de tous les adeptes.

Nous ne vivons pas dans un monde de rêves, mais dans un Univers qui, au point de vue relatif, est réel en ce qui concerne notre vie et nos actions. Notre rôle, est de ne pas nier son existence, mais de vivre, en utilisant les Lois pour nous élever des degrés inférieurs aux degrés supérieurs, en faisant de notre mieux pour toutes les circonstances quotidiennes, et en cherchant à réaliser, dans la mesure du possible, notre idéal et nos idées les plus élevées. La véritable signification de la Vie n'est pas connue des hommes sur ce plan de l'existence, mais les grands auteurs, et nos propres intuitions nous enseignent que nous ne commettrons aucune erreur en vivant du mieux qu'il nous est possible et en réalisant de même la tendance Universelle. Nous sommes tous sur la Voie, et le chemin conduit plus haut, toujours plus haut, malgré de fréquents temps de repos.

Lisez le Message du Kybalion et suivez l'exemple du "sage", en évitant les erreurs du "demi-sage" qui périt à cause de sa folie.

Chapitre VII - "Le *Tout* " dans *Tout*

« *S'il est vrai que Tout est dans LE TOUT, il est également vrai que LE TOUT est dans Tout. Celui qui comprend parfaitement cette vérité possède déjà un grand savoir.* »

Que de gens ont entendu répéter souvent que leur Divinité, appelée de différents noms, était "*Tout* dans *Tout* " et combien ont soupçonné la vérité occulte cachée dans ces mots prononcés négligemment. Cette expression commune est un souvenir de l'ancienne Maxime hermétique placée en tête de ce chapitre. Comme le dit le Kybalion : *« Celui qui comprend parfaitement cette vérité possède déjà un grand savoir. »* Ceci dit, tâchons de pénétrer cette vérité dont la compréhension est si importante. Dans cette Maxime hermétique se cache une des plus grandes vérités philosophiques, scientifiques et religieuses.

Nous vous avons déjà exposé la Doctrine hermétique concernant la Nature Mentale de l'Univers et nous vous avons expliqué que *« l'Univers est Mental et est contenu dans l'Esprit du Tout. »* Comme le dit le Kybalion dans le passage que nous avons donné précédemment : *« Tout est dans le Tout. »* N'oubliez pas non plus cette autre affirmation : *« Il est également vrai que Le Tout est dans Tout. »* Ces deux préceptes, en apparence contradictoires, peuvent se concilier sous la Loi du Paradoxe. Ils constituent, d'ailleurs, un jugement hermétique exact des rapports qui existent entre Le *Tout* et son Univers Mental. Nous avons vu comment *« Tout est dans le Tout. »* ; examinons maintenant l'autre aspect du sujet.

La Doctrine hermétique enseigne que Le *Tout* est inhérent à l'Univers, qu'il demeure dedans, et que chacune de ses parties, chacune de ses unités ou de ses combinaisons est située à l'intérieur de l'Univers. Les Professeurs expliquent fréquemment ce jugement en faisant intervenir le Principe de Correspondance. Le Maître enseigne à l'adepte à se former une Image Mentale de quoi que ce soit, d'une personne, d'une idée, d'une chose pouvant avoir une forme mentale ; l'exemple favori est celui de l'auteur ou du tragédien qui se forme une idée des caractères qu'il veut représenter, ou bien du peintre ou du sculpteur qui se forme une image mentale de l'idéal qu'il veut exprimer à l'aide de son art. Dans tous les cas, l'élève se rendra compte que lorsque l'image est formée, seule dans son esprit, l'auteur, le tragédien, le peintre ou le sculpteur lui-même est inhérent, est contenu tout entier dans l'image mentale elle-même. En d'autres termes, toute la vertu, la vie et l'esprit de la réalité contenue dans l'image mentale dérive de "l'esprit immanent" du penseur. Considérez avec attention ce que nous venons de dire jusqu'à ce que vous saisissiez bien notre idée.

Pour prendre un exemple moderne, disons qu'Othello, Iage, Hamlet, Richard III, existaient réellement dans l'esprit de Shakespeare au moment de leur conception et de leur création. De plus, Shakespeare lui-même existait au sein de chacun de ces caractères, leur donnant sa vitalité, son esprit et son action. De qui est "l'esprit" des personnages que nous connaissons sous le nom de Micawber, Oliver Twist, Uriah Heep (*Personnages des romans de Dickens*) ? Est-ce celui de Dickens, ou chaque personnage que nous venons de citer a-t-il son esprit personnel, indépendant de son créateur ? La Vénus de Médicis, la Madone Sixtine, l'Apollon du Belvédère, ont-ils des esprits propres et une réalité particulière ou représentent-ils le pouvoir spirituel et mental de leurs créateurs ? La Loi du Paradoxe explique que ces deux choses sont à la fois possibles, si on les considère de deux points de vue convenables. Micawber est à la fois Micawber et Dickens. Et cependant, bien qu'on puisse dire que Micawber est Dickens, on ne Peut dire que Dickens et Micawber soient identiques. L'Homme, comme Micawber, peut s'écrier : *"L'Esprit de mon Créateur est inhérent en moi ; et cependant Je ne suis pas Lui !"* . Combien cela est différent des demi-vérités choquantes répandues avec fracas par quelques demi-sages, qui remplissent l'air de leurs cris rauques : "Je suis Dieu !" Imaginez vous Micawber ou le sournois Uriah Heep, s'écriant : "Je suis Dickens" ; ou quelque lourdaud des ouvrages de Shakespeare s'écriant : *"Je suis Shakespeare !"* Et *Tout* est dans le ver de terre et cependant le ver de terre n'est pas Le *Tout* . Malgré tout, cette chose curieuse n'en existe pas moins : bien que le ver de terre n'existe que comme une chose inférieure, créée et existant à l'intérieur de l'Esprit du *Tout* , cependant Le *Tout* est immanent dans le ver de terre et dans les moindres particules qui servirent à constituer le ver de terre. Peut-il exister un plus grand mystère que celui du *« Tout dans Le Tout ; et Le Tout dans Tout ? »*

L'élève comprendra, naturellement, que les quelques exemples que nous venons de donner sont nécessairement imparfaits et insuffisants, car ils représentent la création d'images mentales dans des esprits finis, tandis que l'Univers est une création de l'Esprit Infini ; la différence qui existe entre les deux pôles les sépare. C'est d'ailleurs une simple question de degré ; c'est toujours le même Principe qui opère ; le Principe de Correspondance se manifeste d'un côté et de l'autre. *« Ce qui est en Haut est comme ce qui est en Bas ; ce qui est en Bas est comme ce qui est en Haut. »*

Plus l'Homme comprendra l'existence de l'Esprit Intime immanent à l'intérieur de son être, plus haut et plus rapidement il s'élèvera dans l'échelle spirituelle de la vie. C'est cela que signifie le développement spirituel, la reconnaissance, la réalisation et la manifestation de l'Esprit à l'intérieur de nous-même. Efforcez-vous de vous rappeler cette dernière définition, celle du développement spirituel. Elle contient la Vérité de la Vraie Religion.

Il existe de nombreux plans de l'Etre, de nombreux plans supérieurs de Vie. Tout dépend de l'avancement des individus sur l'échelle dont le barreau inférieur est formé de la matière la plus grossière, et le barreau supérieur seulement séparé de *l'Esprit du Tout* par une infime division.

Du haut en bas de cette échelle de la Vie, tout se meut. Tout le monde est sur la voie qui conduit Au *Tout* . Tout progrès marque un Pas vers la Maison. Tout a sa place en haut ou en bas, malgré les apparences contradictoires. Tel est le Message des Illuminés.

La Doctrine hermétique concernant le processus de la Création Mentale de l'Univers enseigne qu'au début du Cycle Créatif, Le *Tout* , dans son aspect "d'Etre existant" projette sa volonté vers l'aspect de "Devenir" et le processus de création commence. Elle explique que ce processus consiste à ralentir la Vibration jusqu'à ce qu'un degré très bas d'oscillation soit atteint, auquel degré se manifeste la forme de Matière la plus grossière possible. Cet état est appelé le stade de l'Involution dans lequel Le *Tout* est impliqué et contenu. Les hermétistes croient que cet état a une Correspondance, un rapport avec le processus mental de l'artiste, de l'écrivain ou de l'inventeur qui se mélange si intimement avec sa propre création mentale qu'il peut presque oublier sa propre existence et qui, en tous cas, "vit dans sa création". Si au lieu de dire qu'il se "mélange" avec sa création mentale, nous disons qu'il s'en "empare", nous donnerons peut-être une meilleure idée de ce que nous voulons dire.

Ce stade Involontaire de la Création est quelquefois appelé "l'Effusion" de "l'Energie Divine", de même que le stade "d'Evolution" est appelé "l'Infusion". Le pôle extrême du processus Créatif est considéré comme le dernier sorti du *Tout*, pendant que le commencement du retour en arrière du pendule du Rythme, c'est le "Pas vers la Maison", idée que l'on retrouve dans tous les enseignements hermétiques.

La Doctrine enseigne que pendant "l'Effusion", les vibrations deviennent de moins en moins rapides jusqu'à ce que le mouvement de poussée finisse par s'arrêter et que l'oscillation de retour commence. Mais il existe cette différence que pendant le stade "d'Effusion", les forces créatives se manifestent d'une façon compacte, comme un tout, tandis qu'au commencement du stade "d'Evolution" ou "d'Infusion", c'est la Loi "d'Individualisation" qui agit, c'est-à-dire la tendance à séparer tout en Unités de Force, si bien que, finalement, ce que laisse Le *Tout* comme énergie individualisée retourne à sa source sous la forme d'Unités de Vie puissamment développées, avant atteint des échelons de l'échelle de plus en plus élevés, grâce à l'Evolution Physique, Mentale et Spirituelle.

Les anciens hermétistes se servaient du mot "Méditation" en parlant du processus de la création mentale de l'Univers dans l'Esprit Du *Tout* ; ils employaient aussi fréquemment le mot "Contemplation". Mais l'idée qui se cache sous ces expressions paraît être celle du travail de l'Attention Divine. "Attention" est un mot qui dérive d'une racine latine qui signifie "atteindre, tendre vers" ; l'acte de l'Attention est donc réellement "la réalisation, la tension" vers une énergie mentale ; examiner la signification étymologique du mot "Attention" nous fait donc comprendre la véritable idée cachée des hermétistes.

La doctrine hermétique, en ce qui concerne le processus d'Evolution, est la suivante : Le *Tout*, ayant médité sur le commencement de la Création, ayant ainsi établi les fondations matérielles de l'Univers, ayant *pensé* son existence, se réveille graduellement ou sort de sa méditation ; en agissant ainsi, il fait se manifester successivement et en bon ordre le processus de l'Evolution sur les plans matériel, mental et spirituel. C'est ainsi que le mouvement vers le haut commence ; tout va dans la direction de l'Esprit. La Matière devient moins grossière ; les Unités s'assemblent pour donner naissance aux êtres ; les combinaisons commencent à se former ; la Vie apparaît et se manifeste dans des formes toujours supérieures et l'Esprit devient de plus en plus évident, de plus en plus apparent, les vibrations augmentant constamment de rapidité. En un mot, le processus entier de l'Evolution dans toutes ses phases, commence et agit en concordance avec les Lois établies du processus "d'Infusion". Pour créer tout cela, il a fallu des éternités et des éternités du temps de l'Homme, chaque éternité contenant d'innombrables millions d'années ; cependant les Illuminés nous enseignent que la création complète d'un Univers, y compris l'Involution et l'Evolution n'est pour Le *Tout* qu'un "clignement de paupières". A la fin du cycle interminable des myriades de siècles, Le *Tout* cesse son Attention, c'est-à-dire sa contemplation et sa Méditation vis-à-vis de l'Univers, car le Grand Œuvre est terminé ; tout rentre dans Le *Tout* d'où il est sorti. Mais, Mystère des Mystères, l'Esprit de toute âme, loin d'être annihilé, est infiniment développé ; le Créateur et le Créé sont confondus. Tel est le récit des Illuminés !

Ce que nous venons de dire de la "méditation" du *Tout* et de son "réveil de cette méditation", n'est évidemment qu'une simple tentative de la part des Professeurs pour décrire par un exemple fini le processus Infini. "Ce qui est en Bas est comme ce qui est en Haut". Il n'existe qu'une différence de degré. Et de même que le *Tout* abandonne sa méditation sur l'Univers, de même l'Homme, quand en vient le moment, cesse d'agir sur le Plan Matériel, et se retire de plus en plus dans l'Esprit Intime, qui est vraiment "le Divin Ego".

Il est une autre question que nous désirons étudier dans cette leçon et qui se rapproche beaucoup du terrain Métaphysique de la spéculation, bien que notre intention soit de montrer la futilité d'une telle spéculation. Nous voulons parler de la pensée qui vient inévitablement à l'esprit de tous ceux qui se sont aventurés à la recherche de la Vérité. La question est la suivante : "Pourquoi le *Tout* a-t-il créé les Univers ?" On peut la poser de différentes manières mais celle que nous venons de donner les résume toutes.

Les Hommes se sont efforcés de la résoudre, mais il n'existe pas encore de réponse digne de ce nom. Quelques-uns se sont imaginé que Le *Tout* avait quelque chose à gagner en créant les Univers ; cela est absurde ; que pourrait en effet gagner Le Tout qui ne soit déjà en sa possession ? D'autres ont cherché la réponse dans l'idée que Le *Tout* "voulait avoir quelque chose à aimer" ; d'autres ont répondu qu'il créait par plaisir, par amusement ; ou parce "qu'il était solitaire" ; ou bien encore pour manifester son pouvoir ; toutes explications et idées puériles appartenant à la période enfantine de la pensée.

D'autres ont cherché à expliquer le mystère en assurant que Le *Tout* se trouvait "contraint" de créer en vertu de sa propre "nature intérieure" et de son "instinct créatif". Cette dernière idée est en avance sur les autres mais son point faible est dans ce fait que Le *Tout* peut être "contraint" par quelque chose, intérieur ou extérieur. Si sa "nature intérieure" ou son "instinct créatif" obligeait Le *Tout* à faire quoi que ce soit, alors cette "nature intérieure", cet "instinct créatif" serait l'Absolu au lieu du *Tout* ; une partie de l'explication n'est donc pas satisfaisante. Et cependant Le *Tout* crée, et manifeste ; il semble même y trouver une sorte de satisfaction. Il est donc difficile d'échapper à la conclusion qu'à quelque degré infini, il doit y avoir quelque chose dans l'homme, qui correspond à une "nature intérieure" ou à un "instinct créatif", du Désir Infini et de la Volonté correspondante. Le *Tout* ne peut agir s'il ne Veut pas Agir ; et il ne Voudrait pas agir s'il ne Désirait pas le faire, de sa propre volonté, D'autre part, il ne Désirerait pas Agir s'il n'en tirait pas une certaine satisfaction. Toutes ces choses font partie d'une "Nature

56

Intérieure" ; on peut déduire leur existence de la Loi de Correspondance. Nous préférons cependant penser que Le *Tout* agit en pleine liberté, soustrait à toute influence aussi bien extérieure qu'intérieure. Tel est le problème qui se trouve à la racine de la difficulté et la difficulté qui se trouve à la racine du problème.

En parlant strictement, il est impossible de dire que Le *Tout* ait une "Raison" quelconque pour agir, car une "Raison" implique une "Cause" ; or Le *Tout* est au-dessus de toute Cause et de tout Effet, sauf quand il Veut devenir une Cause ; c'est alors que le Principe se manifeste. Ainsi, vous le voyez, la matière est Impossible comme Le *Tout* est Inconnaissable. De même nous disons simplement que Le *Tout* "est", de même nous sommes obligés de dire que "Le *Tout* agit parce qu'il agit". Finalement, Le *Tout* est Toute Raison en elle-même. Toute Loi en elle-même ; Toute Action en elle-même ; on peut dire, sans crainte d'erreur, que Le *Tout* est Sa Propre Raison, sa propre Loi, ses propres actions ; mieux encore, on peut dire que Le *Tout* , sa Raison, ses Actes, sa Loi sont UN, tous ces mots ayant la même signification. L'avis de ceux qui ont rédigé ces leçons, est qu'il faut chercher la réponse dans le Moi intérieur du *Tout* , de même que pour le Secret de l'existence. La Loi de Correspondance à notre avis, atteint seulement cet aspect du *Tout* que nous pouvons appeler "L'Aspect du Devenir". Derrière cet aspect, se trouve "L'Aspect de l'Etre", dans lequel toutes les Lois se perdent dans La Loi, tous les Principes se fondent dans le Principe ; et Le *Tout* , Le Principe et l'Etre sont identiques, un et semblables. Toute spéculation métaphysique sur ce point est donc futile. Nous avons abordé franchement le sujet afin de montrer l'absurdité des réponses ordinaires de la métaphysique et de la théologie.

Pour conclure, il peut être d'un certain intérêt pour nos élèves d'apprendre que, tandis que les Enseignements hermétiques anciens et modernes ont tendu à appliquer à la question le Principe de Correspondance, qui a fait conclure à l'existence de la "Nature Intérieure", la légende nous rapporte qu'Hermès le Grand, quand ses élèves les plus avancés lui posèrent la question, répondit *en pressant fortement ses lèvres les unes contre les autres* et en ne laissant pas échapper un seul mot ; il voulait dire évidemment qu'à cela *il n'y avait pas de réponse* . Cependant, son intention peut avoir été d'appliquer cet axiome de la philosophie : *"Les lèvres de la Sagesse sont closes excepté aux oreilles de l'Entendement"* , estimant que même ses élèves les plus avancés ne possédaient pas encore un Entendement qui put leur permettre de recevoir l'Enseignement. En tous cas, si Hermès possédait le Secret, il oublia de s'en départir et en ce qui concerne l'Univers, *les lèvres d'Hermès sont closes* . Où le Grand Hermès hésitait à parler, quel mortel oserait enseigner ?

En tous cas, souvenez-vous que quelle que soit la solution de ce problème, s'il en existe vraiment une, il subsiste néanmoins cette vérité que : « *S'il est vrai que Tout est dans LE TOUT, il est également vrai que LE TOUT est dans Tout.* » L'Enseignement sur ce point est énergique. Nous pouvons ajouter la conclusion de la citation du Kybalion : « *Celui qui comprend parfaitement cette vérité possède déjà un grand savoir.* »

Chapitre VIII - Les Plans de Correspondance

« *Ce qui est en Haut est comme ce qui est en Bas ; ce qui est en Bas est comme ce qui est en Haut.* »

Le Kybalion

Le deuxième Grand Principe Hermétique implique cette vérité qu'il existe une harmonie, un rapport, une correspondance entre les différents plans de Manifestation de la Vie et de l'Etre. Cette affirmation est une vérité parce que tout ce que contient l'Univers émane de la même source ; les mêmes lois, les mêmes principes, les mêmes caractéristiques s'appliquent à chaque unité ou à toute combinaison d'unités d'activité et chacune d'elle manifeste ses propres, phénomènes sur son propre plan.

Pour la commodité de la pensée et de l'étude, la Philosophie hermétique considère que l'Univers peut être divisé en trois grandes classes de phénomènes connues comme les Trois Grands Plans ; ils s'appellent :

1) Le Grand Plan Physique

2) Le Grand Plan Mental

3) Le Grand Plan Spirituel

Ces divisions sont plus ou moins artificielles on arbitraires car la vérité est que chacune de ces trois divisions n'est qu'un degré supérieur de la grande échelle de la Vie, le degré le plus bas étant évidemment la Matière et le plus haut, l'Esprit. D'ailleurs, les différents Plans se fondent les uns dans les autres, si bien qu'il n'est pas possible d'établir de division bien nette entre les phénomènes supérieurs du Plan Physique et les phénomènes inférieurs du Plan Mental, ou entre les phénomènes supérieurs du Plan Mental et les phénomènes inférieurs du Plan Spirituel.

En un mot, les Trois Grands Plans peuvent être considérés comme trois grands groupes de degrés dans les Manifestations de la Vie. Bien que le but de ce petit ouvrage ne nous permette pas d'entrer dans une discussion détaillée et dans une explication étendue de ces différents plans, il nous paraît utile cependant d'en donner ici une description générale.

Nous pouvons d'abord étudier la question si souvent posée par le néophyte qui désire être renseigné sur la signification du mot "Plan", terme dont on s'est servi à satiété, mais que l'on a bien pauvrement expliqué dans les nombreux ouvrages modernes sur l'Occultisme. La question est généralement posée comme ceci : "Un Plan est-il un endroit ayant des dimensions, ou est-ce simplement une condition ou un état ?" Nous répondons : "Non, ce n'est pas un endroit mesurable ni une dimension ordinaire de l'espace ; c'est même plus qu'un état ou une condition. Un Plan Peut être considéré comme un état ou une condition susceptibles d'être mesurés". C'est paradoxal, direz-vous ? Examinons la question en détail. Une "dimension", vous le savez, est "une mesure en ligne droite, une chose se rapportant à une mesure", etc. Les dimensions ordinaires de l'espace sont la longueur, la largeur et la hauteur ou mieux la longueur, la largeur, la hauteur, l'épaisseur et la circonférence. Mais il existe une autre dimension des "choses créées", une autre "mesure en ligne droite" connue des occultistes et aussi des savants bien que ceux-ci ne lui appliquent pas encore le mot "dimension" ; cette nouvelle mesure n'est autre chose que la "Quatrième dimension", si connue et si exploitée et qui sert à déterminer les différents degrés ou "plans".

Cette Quatrième Dimension peut être appelée "la Dimension de la Vibration". C'est un fait bien connu de la science moderne aussi bien que des hermétistes, qui ont incorporé dans le "Troisième Principe Hermétique", la vérité que "tout est en mouvement ; tout vibre ; rien ne se repose". Depuis les manifestations les plus élevées jusqu'aux manifestations les plus basses, tout Vibre. Non seulement tout vibre à des vitesses différentes, mais tout vibre dans des directions et des manières différentes. Les degrés du "taux" de vibration constituent les degrés des mesures sur l'Echelle des Vibrations ; en d'autres termes, ils constituent les degrés de la Quatrième Dimension. Ces degrés constituent ce que les occultistes appellent les "Plans". Plus le taux de la vibration est élevé, plus est élevé le Plan, et plus est élevée la manifestation de Vie qui occupe ce Plan. Ainsi, bien qu'un Plan ne soit ni un "endroit", ni un "état", ni une "condition", il possède cependant des qualités communes. Nous insisterons plus longuement sur l'échelle des Vibrations dans nos prochaines leçons, dans lesquelles nous étudierons le Principe hermétique des Vibrations.

Vous voudrez bien vous souvenir cependant, que les Trois Grands Plans ne sont pas des divisions réelles des phénomènes de l'Univers, mais de simples expressions arbitraires dont se servent les Hermétistes pour faciliter la pensée et l'étude des divers degrés et des différentes formes d'activité et de vie universelle. L'atome de matière, l'unité de force, l'esprit de l'homme et l'état d'archange ne sont que les échelons différents de la même échelle ; ils sont tous d'origine semblable, la seule différence qu'il y ait étant une différence de degré et de taux de vibration ; toutes ces choses sont des créations Du *Tout* et existent dans l'Esprit Infini Du *Tout* .

Les hermétistes subdivisent chacun des Trois Grands Plans en Sept Plans Inférieurs ; chacun de ces derniers est aussi subdivisé en sept sous-plans ; toutes ces divisions sont, naturellement, plus ou moins arbitraires, car elles se confondent plus ou moins les unes dans les autres ; elles ne sont adoptées que pour faciliter la pensée et l'étude scientifique.

Le Grand Plan Physique et ses Sept Plans Inférieurs est cette partie des phénomènes de l'Univers qui contient tout ce qui se rapporte aux choses, aux forces et aux manifestations physiques et matérielles. Il comprend toutes les formes de ce que nous appelons Matière et toutes les formes de ce que nous appelons Energie ou Force. Vous ne devez pas oublier que la Philosophie hermétique ne reconnaît pas la Matière comme une "chose en elle-même", ou comme possédant une existence séparée, même dans l'Esprit Du *Tout* . La Doctrine enseigne que la Matière n'est qu'une forme d'Energie, c'est-à-dire, de l'Energie possédant un taux inférieur de vibrations d'une certaine sorte. Par suite, les hermétistes classent la Matière sous le titre d'Energie et lui donnent trois des Sept Plans Inférieurs du Grand Plan Physique.

Ces Sept Plans Physiques Inférieurs sont les suivants :

1) Le Plan de la Matière (A)

2) Le Plan de la Matière (B)

3) Le Plan de la Matière (C)

4) Le Plan de la Substance Ethérée

5) Le Plan de l'Energie (A)

6) Le Plan de l'Energie (B)

7) Le Plan de l'Energie (C)

Le Plan de la Matière (A) comprend les formes de Matières solides, liquides et gazeuses telles qu'on les reconnaît généralement dans les ouvrages classiques de Physique. Le Plan de la Matière (B) comprend certaines formes de Matière plus élevées et plus subtiles que la science moderne vient seulement de reconnaître ; ce sont les phénomènes de la Radio-activité de la Matière, dans sa phase du Radium, etc., appartenant à la subdivision la plus basse de ce Plan Inférieur. Le Plan de la Matière

(C) comprend les formes de la Matière la plus subtile et la plus ténue, dont les savants ordinaires ne soupçonnent pas encore l'existence. Le Plan de la Substance éthérée comprend ce que la science appelle "Ether", substance d'une ténuité et d'une élasticité extrêmes, occupant tout l'Espace Universel et agissant comme milieu intermédiaire pour la transmission des vagues d'énergie, telles que la lumière, la chaleur, l'électricité, etc. Cette substance éthérée a un rapport étroit, établit une communication intime entre la Matière et l'Energie, et elle partage la nature de chacune. La Doctrine hermétique nous enseigne que ce plan possède sept subdivisions, comme, d'ailleurs, tous les Plans Inférieurs, et que, en fait, il existe sept éthers au lieu d'un seul.

Immédiatement après le Plan de la Substance éthérée, vient le Plan de l'Energie (A), qui comprend les formes ordinaires de l'Energie connues de la science ; ses sept sous-plans sont les suivants : la Chaleur, la Lumière, le Magnétisme, l'Electricité, et l'Attraction comprenant la Gravitation, la Cohésion, l'Affinité Chimique, et plusieurs autres formes d'énergie indiquées par les expériences scientifiques mais qui ne sont pas encore classées et auxquelles on n'a pas encore donne de nom. Le Plan de l'Energie (B) comprend sept sous-plans de formes supérieures d'énergies que la science n'a pas encore découvertes, mais auxquelles on a donné le nom de "Forces Naturelles Délicates" et qui sont appelées à se manifester dans certaines formes de phénomènes mentaux et grâce auxquelles ces phénomènes deviennent possibles. Le Plan de l'Energie (C) comprend sept sous-plans d'énergie si puissamment organisée qu'elle porte en elle beaucoup de caractères de la "vie", mais qui n'est pas reconnue des hommes qui se trouvent sur le plan ordinaire du développement et qui peut avoir seulement un intérêt sur le Plan Spirituel ; une telle énergie est indispensable pour l'homme ordinaire et peut être considérée presque comme le "pouvoir divin". Les êtres qui l'emploient sont comme des "dieux" même comparés aux types humains supérieurs que nous connaissons.

Le Grand Plan Mental comprend ces formes de "choses vivantes" que nous rencontrons à chaque pas dans la vie ordinaire en même temps qu'un certain nombre d'autres formes moins bien connues sauf des occultistes.

La classification des Sept Plans Mentaux Inférieurs est plus ou moins satisfaisante et arbitraire, à moins d'être accompagnée d'explications détaillées qui ne pourraient trouver leur place dans ce petit ouvrage. Nous allons cependant les mentionner. Ce sont les suivants :

1) Le Plan de l'Esprit Minéral.

2) Le Plan de l'Esprit Elémentaire (A)

3) Le Plan de l'Esprit Végétal.

4) Le Plan de l'Esprit Elémentaire (B)

5) Le Plan de l'Esprit Animal.

6) Le Plan de l'Esprit Elémentaire (C)

7) Le Plan de l'Esprit Humain.

Le Plan de l'Esprit Minéral, comprend les "Etats ou conditions" des unités ou entités, et de leurs groupements ou combinaisons, qui animent les formes connues de nous sous le nom de "minéraux, produits chimiques", etc. Ces entités ne doivent pas être confondues avec les molécules, les atomes et les corpuscules eux-mêmes, ceux-ci étant simplement le corps matériel, la forme de ces entités, de même que le corps humain n'est que sa forme matérielle et non pas l'homme "lui-même". On peut appeler ces entités des "âmes" ; ce sont des êtres vivants possédant un degré inférieur de développement, de vie et d'esprit, mais un peu plus grand cependant que celui des unités de l' "énergie vivante" qui comprend des subdivisions plus hautes du Plan Physique supérieur. Les esprits ordinaires n'attribuent généralement pas un esprit, une âme ou de la vie au royaume Minéral ; tous les occultistes au contraire reconnaissent cette existence. La science moderne évolue rapidement et n'est pas loin d'accepter le point de vue des hermétistes à ce sujet. Les molécules, les atomes, les corpuscules ont leurs "amours et leurs haines", "leurs goûts et leurs dégoûts", "leurs attractions et leurs répulsions", "leurs affinités et leurs non-affinités", quelques-uns des esprits scientifiques modernes les plus audacieux ont exprimé l'opinion que le désir et la volonté, les émotions et les sentiments des atomes n'ont avec ceux des hommes qu'une différence de degré. Nous n'avons ni le temps ni l'espace pour soutenir ici cette thèse. Tous les occultistes savent que c'est un fait, et d'autres se sont reportés pour en avoir confirmation aux ouvrages scientifiques les plus récents. Ce plan contient également les sept subdivisions usuelles.

Le Plan de l'Esprit Elémentaire (A) comprend l'état, la condition et le degré de développement mental et vital d'une certaine classe d'entités inconnue de l'homme ordinaire mais reconnue des occultistes. Ces entités sont invisibles aux sens ordinaires de l'homme ; elles existent néanmoins et jouent leur rôle dans le Drame de l'Univers. Leur degré d'intelligence est situé d'une part entre celui des entités minérales et chimiques, et celui des entités du royaume végétal d'autre part. Il y a aussi sept subdivisions à ce plan.

Le Plan de l'Esprit Végétal, dans ses sept subdivisions, comprend les états et les conditions des entités faisant partie des royaumes du Monde Végétal dont les phénomènes vitaux et mentaux sont compris parfaitement des individus d'intelligence ordinaire, de nombreux ouvrages nouveaux et intéressants concernant "l'Esprit et la Vie chez les Plantes" ayant été publiés pendant ces dix dernières années. Les plantes ont de la vie, un esprit et une "âme" aussi bien que les animaux, l'homme et le surhomme.

Le Plan de l'Esprit Elémentaire (B), dans ses sept subdivisions, comprend les états et les conditions d'une sorte supérieure d'entités "élémentaires" ou invisibles, jouant leur rôle dans le travail général de l'Univers ; leur esprit et leur vie constituent une partie de l'échelle située entre le Plan de l'Esprit Végétal et le Plan de l'Esprit Animal, les entités faisant à la fois partie de la nature de ces deux derniers.

Le Plan de l'Esprit Animal dans ses sept subdivisions comprend les états et les conditions des entités, des êtres et des âmes habitant les formes animales de la vie qui nous sont familières à tous. Il n'est pas nécessaire d'entrer dans beaucoup de détails au sujet de ce royaume, de ce plan de vie car le monde animal nous est aussi familier que le nôtre.

Le Plan de l'Esprit Elémentaire (C) dans ses sept subdivisions, comprend ces entités et ces êtres, invisibles comme le sont toutes ces formes élémentaires, qui font partie et dans certaines combinaisons à un certain degré à la fois de la nature de la vie animale et de la nature de la vie humaine. Au point de vue intelligence, les formes supérieures sont à moitié humaines.

Le Plan de l'Esprit Humain, dans ses sept subdivisions, comprend ces manifestations de vie et de mentalité qui sont communes à l'homme à des degrés différents. Sous ce rapport, nous voulons mettre en lumière ce fait que l'homme ordinaire d'aujourd'hui n'occupe que la quatrième subdivision du Plan de l'Esprit Humain ; seuls les plus intelligents ont franchi la lisière de la Cinquième subdivision. Il a fallu à notre race des millions d'années pour atteindre cet état et il faudra un nombre d'années bien plus considérable encore pour qu'elle atteigne la sixième et la septième subdivisions, et pour s'élever au-dessus de cette dernière. Souvenez-vous qu'il y a eu d'autres races avant nous qui ont franchi ces degrés et qui ont atteint ensuite des plans supérieurs. Notre propre race est la cinquième qui a pris pied sur la Voie ; les retardataires de la quatrième race se sont joints à la nôtre. Il existe quelques esprits avancés de notre propre race qui se sont élevés au-dessus des masses et qui ont atteint la sixième et la septième subdivision ; quelques-uns même les ont dépassées. L'homme de la sixième subdivision sera "Le Sur-Homme" ; celui de la Septième sera le "Super-Homme".

Dans notre étude des Sept Plans Mentaux Inférieurs nous avons simplement fait allusion aux Trois Plans Elémentaires d'une manière générale. Nous ne voulons pas entrer dans ce petit ouvrage dans des détails approfondis sur ce sujet, car il n'appartient pas à cette partie de la philosophie générale et des enseignements qui nous intéressent. Mais, dans le but de vous donner une idée plus claire des rapports de ces plans avec ceux qui vous sont plus familiers, nous pouvons vous dire que les Plans Elémentaires ont avec les Plans de la Mentalité et de la Vie Minérale, Végétale, Animale et Humaine, les mêmes rapports qu'ont les touches noires du piano avec les touches blanches. Les touches blanches sont suffisantes pour produire de la musique, mais il y a certaines gammes, certaines mélodies et certaines harmonies dans lesquelles les touches noires jouent leur rôle et dont leur présence est nécessaire. Les Plans Elémentaires sont également nécessaires car ils servent à relier les conditions de l'âme et les états mentaux d'un plan avec ceux des autres plans ; il en résulte certaines formes nouvelles de développement ; ce fait donne au lecteur qui est capable de "lire entre les lignes" une nouvelle lumière sur le processus de l'Evolution et une nouvelle clef pour ouvrir la porte secrète des "sauts de la vie" qui se produisent entre les divers royaumes. Les grands royaumes Elémentaires sont pleinement reconnus par tous les occultistes et les ouvrages ésotériques sont remplis de citations à leur sujet.

Si nous passons du Grand Plan Mental au Grand Plan Spirituel, qu'aurons-nous à dire ? Comment pourrons-nous expliquer ces états supérieurs de l'Etre, de la Vie et de l'Esprit à des individus jusqu'ici incapables de saisir et de comprendre les subdivisions supérieures du Plan de l'Esprit Humain ? La tâche est lourde. Nous ne pouvons parler qu'en termes très généraux. Comment pourrait-on dépeindre la Lumière à un aveugle de naissance, le sucre à un homme qui n'aurait jamais goûté quelque chose de doux ; l'harmonie à quelqu'un qui serait sourd de naissance ?

Tout ce que nous pouvons dire est que les Sept Plans Inférieurs du Grand Plan Spirituel, chaque Plan Inférieur ayant ses sept subdivisions, comprennent des Etres possédant de la Vie, de l'Esprit et des Formes aussi supérieures à celles de l'Homme d'aujourd'hui que l'Homme est supérieur au ver de terre, aux minéraux ou même à certaines formes d'Energie et de Matière. La Vie de ces Etres surpasse tellement la nôtre qu'il nous est impossible d'en soupçonner les détails ; leurs Esprits surpassent tellement les nôtres que, pour eux, nous paraissons à peine "penser" et notre processus mental leur paraît à peine un processus matériel ; la Matière dont leurs formes sont composées provient des Plans

Physiques Supérieurs plus encore on affirme que quelques-uns sont "habillés de Pure Energie". Que peut-on dire de pareils êtres ?

Sur les Sept Plans Inférieurs du Grand Plan Spirituel existent des Etres dont nous pouvons parler comme nous parlerions d'Anges, d'Archanges et de demi-Dieux. Sur le plus bas des Plans Inférieurs habitent ces grandes âmes que nous appelons les Maîtres et les Adeptes. Au-dessus d'eux, vient la Grande Hiérarchie des Anges, inaccessible à la pensée de l'Homme ; ensuite viennent ceux que, sans irrévérence, on peut appeler "Les Dieux" ; si haut qu'ils soient placés sur l'échelle de l'Etre, leur intelligence et leur pouvoir se rapprochent beaucoup des facultés que les races humaines attribuent à leurs conceptions de la Divinité. Ces Individus sont supérieurs aux plus grands rêves de 1'imagination humaine ; seul, le mot "Divin" est susceptible de s'adresser à eux. Un grand nombre de ces Etres, aussi bien que les Anges, prennent le plus grand intérêt et jouent un rôle important dans les affaires de l'Univers. Ces Divinités Invisibles et ces Auxiliaires Angéliques étendent librement et puissamment leur influence dans le processus de l'Evolution et dans le Progrès Cosmique. Leur intervention et leur assistance occasionnelle dans les affaires humaines ont conduit aux innombrables légendes, aux croyances, aux religions et aux traditions de la race, passée et présente. Ils ont super-imposé leur connaissance et leur pouvoir sur le monde, sans un instant d'arrêt, tout cela naturellement sous la domination de la Loi du *Tout*.

Et cependant, même les plus grands de ces Etres avancés n'existent que comme des créations de l'Esprit Du *Tout* et vivent en lui, sujets au Processus Cosmique et aux Lois Universelles. Ils sont toujours Mortels. Nous pouvons les appeler des "dieux" si nous voulons, mais ils sont toujours les Frères Aînés de la Race, les esprits avancés qui ont devancé leurs compagnons et qui ont renoncé à l'extase de l'Absorption par Le *Tout*, dans le but d'aider leurs amis dans leur voyage sur La Voie. Mais ils appartiennent à l'Univers et ils sont sujets à ses conditions ; ils sont mortels et leur plan est situé immédiatement au-dessous de celui de l'Esprit Absolu.

Seuls les hermétistes les plus avancés sont capables de saisir les Enseignements secrets concernant l'état de l'existence et les pouvoirs qui se manifestent sur les Plans Spirituels. Ces phénomènes sont tellement supérieurs à ceux des Plans Mentaux, que, si nous tentions de les décrire, il en résulterait fatalement une confusion dans les idées. Seuls, ceux dont l'esprit a été soigneusement entraîné à la Philosophie hermétique pendant de nombreuses années, ceux qui ont conservé en eux le savoir précédemment acquis dans d'autres incarnations, sont susceptibles de comprendre exactement la signification de la Doctrine concernant ces Plans Spirituels. Un grand nombre de ces Enseignements secrets sont considérés par les hermétistes comme trop sacrés, trop importants et même trop dangereux pour être répandus dans le grand public. L'élève intelligent est capable de reconnaître ce que nous voulons dire quand nous affirmons que le mot "Esprit", tel que l'utilisent les hermétistes, signifie "Pouvoir Vivant", "Force Animée", "Essence Intime", "Essence de Vie", etc., signification que l'on ne doit pas confondre avec celle usuellement et communément employée de "religieux, ecclésiastique, spirituel, éthéré, saint", etc., etc. Les occultistes utilisent le mot "Esprit" dans le sens de "Principe Animant" ; ils y joignent l'idée de Pouvoir, d'Energie Vivante, de Force Mystique, etc. Ils savent bien que ce qu'ils connaissent comme "Pouvoir Spirituel" peut être employé aussi bien dans un but honorable que dans un but mauvais, conformément au Principe de Polarité ; c'est un fait qui a été reconnu par la majorité des religions ; elles l'ont bien montré dans leurs conceptions de Satan, Belzébuth, le Diable, Lucifer, les Anges déchus, etc. C'est pourquoi les connaissances de ces Plans ont été conservées par le Saint des Saints, dans la Chambre Secrète du Temple, dans toutes les Confréries ésotériques et les Ordres occultes. Mais, nous pouvons le dire ici, ceux qui ont acquis un pouvoir spirituel puissant et qui l'ont employé pour le mal, ont un terrible destin en perspective ; l'oscillation du pendule du Rythme les ramènera inévitablement en arrière jusqu'au point extrême de l'existence Matérielle, d'où ils devront à nouveau revenir sur leurs pas vers l'Esprit, suivre les détours fatigants de La Voie, et endurer toujours la torture supplémentaire de se rappeler sans cesse les grandeurs qu'ils ont connues et que leur ont fait perdre leurs mauvaises actions. La légende des Anges Déchus a son origine dans les faits que nous venons d'expliquer, tous les occultistes avancés le savent. La lutte pour un pouvoir égoïste sur les Plans Spirituels a toujours comme conséquence inévitable une perte de l'équilibre spirituel et une chute qui abaisse l'esprit égoïste autant qu'il a été élevé. Cependant, même pour un esprit semblable, la possibilité d'un retour existe ; il est obligé de faire le voyage en sens inverse, subissant ainsi la punition terrible de l'invariable Loi.

Pour conclure nous voudrions encore vous rappeler que, suivant le Principe de Correspondance qui contient cette vérité : *« Ce qui est en Haut est comme ce qui est en Bas ; ce qui est en Bas est comme ce qui est en Haut. »*, chacun des Sept Principes Hermétiques est en pleine action sur tous les divers plans Physique, Mental et Spirituel. Le Principe de la Substance Mentale s'applique naturellement à tous les plans, car tous sont contenus dans l'Esprit Du *Tout*. Le Principe de Correspondance se manifeste également dans tous car il existe une correspondance, une harmonie et un rapport entre les divers plans. Le Principe de Vibration se manifeste sur tous les plans ; en fait les différences de Vibration comme nous l'avons expliqué. Le Principe de Polarité se manifeste sur chaque plan, les Pôles extrêmes étant en apparence opposés et contradictoires. Le Principe du Rythme se manifeste sur chaque Plan, le mouvement des phénomènes ayant son flux et son reflux, son maximum et son minimum, son arrivée et son retour. Le Principe de la Cause et de l'Effet se manifeste aussi sur chaque Plan, tout Effet ayant sa Cause et toute Cause ayant son Effet. Le Principe du Genre se manifeste encore sur chaque Plan, l'Energie Créative étant toujours manifeste et opérant sous ses aspects Masculin et Féminin.

« Ce qui est en Haut est comme ce qui est en Bas ; ce qui est en Bas est comme ce qui est en Haut. » Cet axiome hermétique, vieux de plusieurs millénaires, implique un des grands Principes des Phénomènes Universels. Dans la suite de notre étude sur les Principes que nous n'avons pas encore expliqués, nous verrons encore plus clairement la vérité de la nature universelle de ce grand Principe de Correspondance.

Chapitre IX - La Vibration

« Rien ne repose ; tout remue ; tout vibre. »

Le Kybalion

Le Troisième grand Principe Hermétique, le Principe de Vibration, implique la vérité que le Mouvement se manifeste partout dans l'Univers, que rien n'est à l'état de repos, que tout remue, vibre et tourne en rond. Ce Principe hermétique était reconnu par quelques-uns des premiers philosophes grecs qui l'introduisirent dans leurs systèmes. Mais, pendant de nombreux siècles tous les penseurs, sauf les penseurs hermétistes le perdirent de vue. Au dix-neuvième siècle, la science physique découvrit à nouveau la vérité et les découvertes scientifiques du vingtième siècle ont apporté de nouvelles preuves de l'exactitude de cette doctrine hermétique, vieille de plusieurs siècles.

Les enseignements hermétiques disent que non seulement tout est en état de mouvement perpétuel et de vibration constante, mais encore que les "différences" qui existent entre les diverses manifestations du pouvoir universel sont dues entièrement à la diversité du mode et de la période des vibrations. Mieux encore, Le *Tout* , en lui-même, manifeste une vibration constante d'un degré si intense et d'un mouvement si rapide qu'il peut être pratiquement considéré comme à l'état de repos ; les professeurs l'expliquent en attirant l'attention des élèves sur le fait que même sur le plan physique, un objet qui se meut avec rapidité, une roue qui tourne par exemple, paraît être à l'état de repos. Les enseignements préconisent l'idée que l'Esprit se trouve à une extrémité d'un Pôle de la Vibration des formes de Matière extrêmement grossières se trouvant à l'autre Pôle. Entre ces deux Pôles, il y a des millions et des millions de modes et de périodes différents de vibration.

La Science Moderne a prouvé que tout ce que nous appelons Matière et Energie n'est qu'un "mode de mouvement vibratoire", et quelques-uns des savants les plus avancés se rallient rapidement à l'opinion des occultistes qui affirment que les phénomènes de l'Ame ne sont de même que des modes de vibration ou de mouvement. Voyons ce que nous dit la science sur la question des vibrations dans la matière et dans l'énergie.

D'abord, la science enseigne que toute matière manifeste à un degré quelconque, les vibrations résultant de la température. Qu'un objet soit froid ou chaud, ces deux conditions n'étant que des degrés différents de la même chose, il manifeste certaines vibrations caloriques et, à ce point de vue, il se trouve en mouvement à l'état de vibration. Toutes les particules de Matière sont douées de mouvements circulaires, depuis les corpuscules jusqu'aux soleils. Les planètes exécutent leur révolution autour des soleils, et beaucoup d'entre elles tournent sur leurs axes. Les soleils se meuvent autour de points centraux plus grands ; ceux-ci sont considérés comme se mouvant autour de points encore plus grands, et ainsi de suite, à l'infini. Les molécules dont sont composées les sortes particulières de Matière sont dans un état constant de vibration et de mouvement les unes autour des autres et les unes contre les autres. Les molécules sont composées d'Atomes qui, de même, se trouvent dans un état constant de vibration et de mouvement. Les atomes sont composés de corpuscules, quelquefois appelés "électrons", "ions", etc., qui sont également dans un état de mouvement accéléré, tournant les uns autour des autres, et manifestant un état et un mode de vibration excessivement rapide. Nous voyons donc que, conformément au Principe Hermétique de la Vibration, toutes les formes de Matière manifestent de la Vibration.

Il en est ainsi pour les diverses formes d'Energie. La science nous enseigne que la Lumière, la Chaleur, le Magnétisme et l'Electricité ne sont que des formes de mouvement vibratoire émanant très probablement de l'Ether. La science n'essaye pas encore d'expliquer la nature du phénomène connu sous le nom de Cohésion, qui est le principe de l'Attraction Moléculaire, ni l'Affinité Chimique qui est le principe de l'Attraction Atomique, ni la Gravitation, le plus grand de ces trois mystères, qui est le principe de l'attraction, par lequel toute particule ou toute masse de Matière est intimement liée à toute autre masse ou à toute autre particule. Ces trois formes d'Energie ne sont pas encore comprises par la science ; cependant les écrivains penchent fortement vers l'opinion qu'elles sont également des manifestations d'une forme quelconque d'énergie vibratoire, fait que les hermétistes connaissaient et qu'ils ont enseigné il y a un nombre considérable d'années.

L'Ether Universel, dont la science affirme l'existence sans que sa nature soit bien clairement comprise, est considéré par les hermétistes comme une manifestation supérieure de ce que l'on appelle à tort matière ; mais ils entendent une Matière ayant atteint un degré supérieur de vibration ; ils l'appellent "La Substance Ethérée". Ils enseignent que cette Substance Ethérée est d'une ténuité et d'une élasticité extrêmes et qu'elle remplit tout l'espace universel, servant de milieu de transmission aux ondes d'énergie vibratoire, telles que la chaleur, la lumière, l'électricité, le magnétisme, etc. La Doctrine nous dit que la Substance Ethérée n'est qu'un maillon qui sert à relier entre elles les formes d'énergie vibratoire connues d'une part sous le nom de "Matière" et d'autre part sous le nom de "Energie ou Force" ; elle nous enseigne aussi qu'elle manifeste un certain degré de vibration, d'amplitude et de période qui lui sont tout à fait propres.

Les savants, pour montrer ce qui se produit quand on augmente la période des vibrations, émettent l'hypothèse d'une roue, d'une toupie ou d'un cylindre fonctionnant avec une grande rapidité. Cette expérience suppose que la roue, la toupie ou le cylindre tourne d'abord à une faible vitesse ; dans ce qui va suivre pour faciliter l'exposé, nous appellerons cette chose qui tourne "l'objet". Supposons donc que l'objet tourne lentement. Il est possible de le distinguer facilement, mais aucun son musical résultant de sa rotation ne vient frapper notre oreille. Augmentons progressivement la vitesse. En quelques instants, sa rotation devient si rapide qu'un bruit léger, une note basse peut être entendue. Puis, au fur et à mesure que l'objet tourne plus rapidement, la note s'élève dans l'échelle musicale. En augmentant encore la rapidité du mouvement, on peut distinguer la note immédiatement supérieure. Ainsi, les unes après

les autres, toutes les notes de la gamme apparaissent de plus en plus ai-
guës au fur et à mesure que la rapidité du mouvement s'accroît. Finalement, quand la rotation a atteint une certaine vitesse, la dernière note
perceptible aux oreilles humaines est atteinte et le cri aigu, perçant
s'éteint et le silence suit. L'objet ne laisse plus entendre aucun son ni aucun bruit, la rapidité du mouvement étant si grande, les vibrations étant
si rapides que l'oreille humaine ne peut plus les enregistrer. A ce moment, on commence à percevoir un accroissement de chaleur. Puis au
bout d'un certain temps, l'œil voit l'objet devenir d'une couleur rouge
sombre. Si la rapidité devient encore plus grande, le rouge devient plus
brillant. Puis, la vitesse augmentant, le rouge devient orange. L'orange
devient jaune. Puis apparaissent successivement les teintes vertes, bleu
indigo et enfin violette. Finalement, le violet s'évanouit et toute couleur
disparaît, l'œil humain n'étant plus capable de les enregistrer. Mais il
existe des radiations invisibles qui émanent de l'objet, parmi lesquelles
certaines sont employées en photographie. C'est alors que commencent
à se manifester les radiations particulières connues sous le nom de
"Rayons X", etc., quand la constitution physique de l'objet commence à
se modifier. L'électricité et le magnétisme se manifestent quand l'amplitude suffisante de vibration est atteinte.

Quand l'objet acquiert un certain degré de vibration, ses molécules
se désagrègent et se décomposent en ses propres éléments originaux et
en ses propres atomes. Les atomes, obéissant au Principe de la Vibration, se séparent alors et redonnent les innombrables corpuscules dont
ils étaient composés. Finalement, les corpuscules eux-mêmes dispa-
raissent et on peut dire que l'objet est formé de Substance Ethérée. La
science n'ose pas pousser l'hypothèse plus loin, mais les hermétistes enseignent que si la rapidité des vibrations était encore augmentée, l'objet
atteindrait les degrés divers de la manifestation, puis manifesterait les
différents stades mentaux ; ensuite, il poursuivrait sa route vers l'Esprit
jusqu'à ce qu'il finisse par réintégrer Le *Tout* qui est l'Esprit Absolu.
Mais "l'objet" aurait cessé d'être "objet" longtemps avant d'atteindre le
stade de la Substance Ethérée ; cependant l'hypothèse est correcte en ce
sens qu'elle montre quel serait l'effet obtenu si on augmentait constam-

ment le taux et le mode de la vibration. De l'hypothèse que nous venons d'énoncer, il faut se rappeler ceci : au moment où "l'objet" émet des vibrations lumineuses, calorifiques, etc., il n'est pas décomposé en ces formes d'énergie, qui sont placées bien plus haut sur l'échelle ; il a simplement atteint un degré de vibration tel que ses formes d'énergie sont libérées en quelque sorte de l'influence des molécules, des atomes ou des corpuscules, qui suivant le cas cherchaient à les retenir. Ces formes d'énergie, bien qu'infiniment supérieures à la matière dans l'échelle, sont emprisonnées et confinées dans les combinaisons matérielles ; elles prennent des formes matérielles ; ainsi, elles s'emprisonnent, s'enferment dans leurs créations matérielles ; cela est vrai pour toutes sortes de créations ; la force créative s'enferme toujours dans ce qu'elle a créé.

Les Enseignements hermétiques vont plus loin que ceux de la science moderne. ils affirment que toutes les manifestations de pensée, d'émotion, de raison, de volonté, de désir, ou de tout autre état ou condition mentale, sont accompagnées de vibrations dont une partie est extériorisée au dehors et tend à influencer par "induction" l'esprit des autres individus. C'est le principe qui produit les phénomènes de "télépsychie", d'influence mentale et toutes les autres formes de l'action et du pouvoir d'un esprit sur un autre esprit, que le grand public commence à connaître parfaitement à cause de l'immense dissémination de connaissance occulte que font à notre époque les différentes écoles et les nombreux maîtres.

Toute pensée, toute émotion et tout état mental a son taux correspondant et son mode de vibration. Grâce à un effort de volonté de l'individu ou de plusieurs individus, ces états mentaux peuvent être reproduits, de même qu'il est possible de reproduire un son musical en faisant vibrer un instrument de musique d'une certaine manière, de même qu'on peut reproduire une couleur en faisant vibrer "l'objet" de tout à l'heure. Par la connaissance du principe de vibration appliqué aux Phénomènes Mentaux, on peut polariser son esprit et lui faire posséder le degré de vibration désiré ; on obtient ainsi un contrôle parfait de ses états mentaux, de son caractère, etc. Par le même procédé on peut influencer l'esprit des autres et produire en eux les états mentaux voulus. En un mot, on devient capable de produire sur le Plan Mental ce que la science produit sur le Plan Physique, c'est-à-dire, des "Vibrations à Volonté". Naturellement ce pouvoir ne peut s'acquérir que par une instruction, des exercices et une pratique convenable de la science de la Transmutation Mentale qui est une des branches de l'Art hermétique.

Que l'élève réfléchisse à ce que nous avons dit et il verra que le Principe de Vibration existe sous tous les merveilleux phénomènes manifestés par les Maîtres et les Adeptes, qui sont capables apparemment de laisser de côté les Lois de la Nature mais qui, en réalité, ne font qu'utiliser une loi pour se défendre contre une autre, un principe pour détruire l'effet des autres, et qui obtiennent leurs résultats étonnants en changeant les vibrations des objets matériels et des formes d'énergie et accomplissent ainsi ce que l'on appelle communément des "miracles".

Comme un des anciens écrivains hermétistes l'a dit avec raison : « *Celui qui comprend le Principe de Vibration a saisi le sceptre du Pouvoir.* »

Chapitre X - La Polarité

« Tout est Double ; toute chose possède des pôles ; tout a deux extrêmes ; semblable et dissemblable ont la même signification ; les Pôles opposés ont une nature identique mais des degrés différents ; les extrêmes se touchent ; toutes les vérités ne sont pas des demi vérités ; tous les paradoxes peuvent être conciliés. »

Le Kybalion

Le Quatrième Grand Principe Hermétique, le Principe de Polarité, implique cette vérité que toutes les choses qui se manifestent ont "deux côtés", "deux aspects", "deux pôles", "deux extrêmes", avec un nombre considérable de degrés qui les séparent. Les vieux paradoxes qui ont toujours rendu perplexe l'esprit des hommes, s'expliquent si l'on comprend bien ce Principe. L'homme a toujours eu connaissance de quelque chose se rapprochant de ce Principe et il s'est efforcé de l'exprimer par des dictons, des maximes et des aphorismes comme les suivants : "Tout est et n'est pas en même temps", "toutes les vérités ne sont que des demi-vérités", "toute vérité est à moitié fausse", "il y a deux côtés à toute chose", "toute médaille a son revers", etc., etc.

Les Enseignements hermétiques affirment que la différence qui existe entre deux choses qui paraissent diamétralement opposées n'est qu'une différence de degré. Ils enseignent que "deux extrêmes peuvent se concilier", que "la thèse et l'antithèse sont identiques en nature, mais différentes en degrés", et que "la réconciliation universelle des pôles opposés" peut s'effectuer grâce à la connaissance du Principe de Polarité. Les maîtres estiment que des exemples de la manifestation de ce principe peuvent résulter d'un examen de la nature réelle de toute chose. Ils commencent par montrer que l'Esprit et la Matière ne sont que deux pôles de la même chose, et que les plans intermédiaires ne sont que des degrés de vibration. Ils montrent que Le *Tout* et Quelques-uns sont une seule et même chose et qu'il existe seulement une simple différence dans le degré de la Manifestation Mentale. Ainsi La *Loi* et les Lois sont les deux pôles opposés d'une même chose. Il en est de même du *Principe* et des Principes, de *l'Esprit* Infini et des esprits finis.

Puis, passant au Plan Physique, ils démontrent le Principe et prouvant que le Chaud et le Froid sont de nature identique, la seule différence étant une différence de degrés. Le thermomètre montre des degrés différents de température, le pôle inférieur s'appelant le "froid" et le supérieur le "chaud". Entre ces deux pôles il y a de nombreux degrés de "chaud" et de "froid" ; vous pouvez leur donner l'un ou l'autre nom sans vous départir de la vérité. Dans deux degrés, le supérieur est toujours "plus chaud" que l'inférieur qui est toujours "plus froid". Il n'y a pas de démarcation absolue ; il n'y a qu'une différence de degrés. Il n'y a pas d'endroit sur le thermomètre ou le chaud finit et ou le froid commence. Il n'y a que des vibrations supérieures et inférieures. Les termes "haut" et "bas", eux-mêmes, que nous sommes obligés d'employer ne sont que les pôles d'une même chose ; les mots sont relatifs. Il en est de même avec "est et ouest" ; faites le tour du monde dans la direction de l'est et vous atteindrez un point qui est l'ouest par rapport à votre point de départ. Allez dans la direction du Nord et il arrivera un moment où vous irez dans la direction du Sud ou vice-versa.

Lumière et Obscurité sont deux pôles d'une même chose entre lesquels il y a de nombreux degrés. Il en est de même pour l'échelle musicale ; partant de "Do" si vous montez la gamme, vous obtiendrez un autre "Do" et ainsi de suite ; la différence entre deux, "Do" consécutifs est toujours la même et comporte constamment le même nombre de degrés. Il en est encore de même de l'échelle des couleurs ; des vibrations supérieures et inférieures constituent la seule différence entre l'ultraviolet et l'infrarouge. Les mots Long et Court sont relatifs. De même pour Calme et Bruyant, Facile et Difficile. Tranchant et Emoussé, suivent la même loi. Positif et Négatif sont les deux pôles d'une même chose séparés par d'innombrables degrés.

Bon et Mauvais ou Bien et Mal suivant les termes employés, ne sont pas absolus ; nous appelons une extrémité de l'échelle Bon et l'autre extrémité Mauvais. Une chose est "moins bonne" que la chose qui lui est immédiatement supérieure dans l'échelle ; par contre cette chose "moins bonne" est "meilleure" que celle qui lui est immédiatement inférieure, et ainsi de suite, le "plus ou moins" étant réglé par la position sur l'échelle.

Il en est absolument de même sur le Plan Mental. L'Amour et la Haine sont généralement considérés comme des sentiments diamétralement opposés, entièrement différents, inconciliables. Mais si nous appliquons le Principe de Polarité, nous nous rendons compte qu'un Amour Absolu ou une Haine Absolue, n'existent pas ; ces deux sentiments ne sont pas nettement séparés par une ligne de démarcation. Ils ne sont que des mots appliqués aux deux pôles de la même chose. Si nous commençons à un point quelconque de l'échelle et que nous la montions, nous trouvons "plus d'amour" ou "moins de haine" ; si nous la descendons nous trouvons "plus de haine" ou "moins d'amour" ; cela est vrai quelque soit le point d'où nous partions. Il y a des degrés d'Amour et de Haine et il arrive un moment ou l'un et l'autre sont si faibles qu'il est difficile de les distinguer. Le Courage et la Peur suivent la même règle. Partout il y a deux Extrêmes. Où vous trouvez une chose vous trouvez son opposé : ce sont les deux pôles.

C'est ce fait qui permet aux hermétistes de transmuter un état mental en un autre, grâce à la Polarisation. Les choses qui appartiennent à des classes différentes ne peuvent pas être changées les unes en les autres, mais celles d'une même classe peuvent l'être, c'est-à-dire que leur polarité peut être modifiée. Ainsi l'Amour ne devient jamais l'Est ou l'Ouest, ni le Rouge ou le Violet, mais il peut se transformer et se transforme souvent en Haine ; de même, d'ailleurs, la Haine peut se transformer en Amour, grâce à un changement de Polarité. Le Courage peut se transformer en Peur et vice-versa. Les choses difficiles peuvent être rendues faciles. Les choses émoussées peuvent être rendues tranchantes. Les choses Chaudes peuvent devenir Froides. Et ainsi de suite, la transmutation s'accomplissant constamment entre choses de la même classe mais possédant des degrés différents. Prenez le cas d'un homme Craintif. En élevant ses vibrations mentales sur l'échelle Crainte-Courage, il peut acquérir un degré supérieur de Courage et d'Intrépidité. De même l'individu mou, inerte, peut se changer en un homme Actif, Energique, simplement en se polarisant suivant la qualité désirée.

L'élève qui est si familier avec les différents procédés que les nombreuses écoles de la Science Mentale emploient pour modifier les états mentaux de ceux qui suivent leurs enseignements, peut très bien ne pas comprendre parfaitement le Principe de tous ces changements. Cependant, quand on a bien compris le Principe de Polarité, – car il est évident que les changements mentaux sont occasionnés par un changement de polarité, par un simple glissement sur la même échelle, – il est beaucoup plus facile de saisir entièrement la question. Ce changement n'est pas une transmutation d'une chose en une autre chose entièrement différente ; ce n'est qu'une modification de degré dans la même chose, ce qui est une différence fort importante. Par exemple, si nous empruntons une analogie avec le Plan Physique, il est impossible de changer la Chaleur en Bruit ou en Hauteur, mais on peut transmuter le Chaud en Froid, simplement en modifiant la période des vibrations. Par le même procédé, l'Amour et la Haine peuvent se transmuter mutuellement, de même que le Courage et la Peur. Mais on ne peut transmuter la Peur en Amour pas plus qu'on ne peut transmuter le Courage en Haine. Les états mentaux appartiennent à d'innombrables classes et chacune de ces classes possède ses pôles opposés, entre lesquels une transmutation est possible.

L'élève reconnaîtra facilement que dans les états mentaux, aussi bien que dans les phénomènes du Plan Physique, on peut classer les deux pôles respectivement en Pôle Positif et Pôle Négatif. Ainsi l'Amour est Positif par rapport à la Haine ; le Courage par rapport à la Peur ; l'Activité par rapport à la non-Activité, etc., etc... On remarquera également que, même ceux qui ne sont pas familiers avec le Principe de la Vibration se rendent compte que le Pôle Positif semble d'un degré supérieur au Pôle Négatif et qu'il le domine. La Nature tend à accorder l'activité dominante au Pôle Positif.

En plus du changement de pôles des états mentaux d'un individu par l'art de la Polarisation, le phénomène de l'Influence Mentale, dans ses nombreuses phases, nous montre que le principe peut s'étendre de manière à embrasser le phénomène de l'influence d'un esprit sur un autre esprit, phénomènes dont on a tant parlé et sur lequel on a tant écrit. Quand nous comprenons bien que l'Induction Mentale est possible, c'est-à-dire que des états mentaux peuvent provenir d'autres états mentaux par "induction", il nous est possible de voir comment un certain taux de vibration, la polarisation d'un certain état mental, peut être communiquée à un autre individu et comment sa polarité dans cette classe d'états mentaux peut être changée. C'est grâce à l'application de ce principe que les merveilleux résultats des "traitements mentaux" peuvent être obtenus. Ainsi, supposons qu'une personne soit triste, mélancolique et craintive. Un médecin de l'esprit qui est capable, à l'aide d'une volonté bien entraînée, de donner à son esprit les vibrations qu'il veut, et par suite d'obtenir la polarisation voulue pour son propre cas, produit un état mental semblable chez un autre individu par induction ; il en résulte que les vibrations augmentent d'intensité et de rapidité et que l'individu se polarise vers l'extrémité Positive de l'échelle au lieu de se polariser vers l'extrémité Négative ; sa Crainte et toutes ses autres émotions négatives se transforment en Courage et en d'autres états mentaux positifs. Une étude peu approfondie vous montrera que ces changements mentaux se font presque tous grâce à la Polarisation ; le changement étant un changement de degré et non pas de classe.

La connaissance de l'existence de ce grand Principe hermétique permettra à l'étudiant de mieux comprendre ses propres états mentaux et ceux des autres. Il verra que ces états sont tous des questions de degré, et, par suite, il deviendra capable d'élever ou d'abaisser ses vibrations à volonté, de modifier sa polarité et ainsi d'être Maître de ses états mentaux au lieu d'être leur servant et leur esclave. Par cette connaissance il sera capable d'aider intelligemment ses compagnons et de changer leur polarité par l'emploi des méthodes appropriées. Nous conseillons à tous les élèves de bien se familiariser avec ce principe de Polarité ; le comprendre correctement jettera la lumière sur bien des sujets obscurs.

Chapitre XI - Le Rythme

« Tout s'écoule, au dedans et au dehors ; toute chose a sa durée ; tout évolue puis dégénère ; le balancement du pendule se manifeste dans tout ; la mesure de son oscillation à droite est semblable à la mesure de son oscillation à gauche ; le rythme est constant. »

Le Kybalion

Le cinquième grand Principe hermétique, le Principe du Rythme, implique la vérité que dans tout se manifeste un mouvement mesuré, un mouvement d'allée et venue, un flux et un reflux, un balancement en avant et en arrière, un mouvement semblable à celui d'un pendule, un phénomène comparable à celui de la marée entre les deux pôles qui existent sur les plans physique, mental et spirituel. Le Principe du Rythme se relie étroitement au Principe de Polarité que nous avons décrit dans le précédent chapitre. Le Rythme se manifeste entre les deux pôles dont le Principe de Polarité a montré l'existence. Cela ne veut pas dire cependant que le pendule du Rythme oscille jusqu'à l'extrémité des pôles ; cela n'arrive que très rarement ; en fait il est difficile dans la majorité des cas d'établir la place des pôles Extrêmes. Mais l'oscillation se fait toujours d'abord "vers" un pôle et ensuite vers l'autre.

Il y a toujours une action et une réaction, une avance et une retraite, une élévation et un abaissement dans tous les phénomènes de l'univers. Ce Principe se manifeste partout, dans les soleils, les mondes, les hommes, les animaux, les plantes, les minéraux, les forces, l'énergie, l'âme, la matière et même dans l'Esprit. Il se manifeste dans la création et dans la destruction des mondes, dans la grandeur et la chute des nations, dans l'histoire de la vie de toutes choses et enfin dans les états mentaux de l'Homme.

Commençons par les manifestations de l'Esprit Du *Tout* ; on notera qu'il y a toujours l'Effusion et l'Infusion, "l'Aspiration et l'Inspiration de Brahmâ" comme disent les Brahmines. Les Univers sont créés ; une fois atteint leur point extrême inférieur de matérialité, ils commencent leur oscillation vers le haut. Les soleils sont formés, ils atteignent leur maximum de pouvoir puis le processus de régression commence et au bout de plusieurs milliers de siècles ils deviennent des masses inertes de matière, attendant une nouvelle impulsion qui remette en activité leur énergie intérieure et qui sera le début d'un nouveau cycle de vie solaire. Il en est ainsi pour tous les mondes ; ils sont nés, ils ont vécu et ils sont morts ; quand ils revivent ils ne font que renaître. Il en est de même de toutes les choses qui ont une forme quelconque ; elles oscillent de l'action à la réaction, de la naissance à la mort, de l'activité à l'inactivité, puis elles recommencent. Il en est ainsi de toutes les choses vivantes, elles naissent, grandissent, meurent, puis renaissent. Il en est ainsi de tous les grands mouvements des philosophies, des croyances, des habitudes, des gouvernements, des nations : naissance, croissance, maturité, décadence, mort puis renaissance. L'oscillation du pendule est toujours évidente.

La nuit succède au jour ; le jour succède à la nuit. Le pendule oscille de l'Eté à l'Hiver puis de l'Hiver à l'Eté. Les corpuscules, les atomes, les molécules et les masses de matière quelles qu'elles soient, oscillent dans le cercle de leur nature. Un repos absolu n'existe pas, pas plus qu'un arrêt complet de tout mouvement ; or tous les mouvements sont soumis au Rythme. Le principe est d'une application universelle. Il peut s'adapter à toute question, à tout phénomène faisant partie d'un des nombreux plans de vie. Il peut s'appliquer à n'importe quelle phase de l'activité humaine. L'oscillation Rythmique se fait toujours d'un pôle à l'autre. Le Pendule Universel est toujours en mouvement. La Marée de la Vie monte et descend, conformément à la Loi.

La science moderne comprend bien le Principe du Rythme ; appliqué aux choses matérielles elle le considère comme une loi universelle. Mais les hermétistes l'étendent beaucoup plus loin ; ils savent que ses manifestations et son influence exercent une action sur l'activité mentale de l'Homme ; ils savent qu'il faut compter avec lui dans la succession éperdue des états d'esprit, des sentiments et des autres changements curieux et surprenants que nous remarquons en nous-mêmes. Mais les hermétistes, en étudiant les effets de ce Principe ont appris en même temps la manière d'éviter par la Transmutation quelques-unes de ses activités.

Les Maîtres ont découvert depuis bien longtemps que si le principe du Rythme était invariable et toujours évident dans les phénomènes mentaux, il avait cependant deux plans de manifestation en ce qui concerne les phénomènes. Ils ont découvert qu'il y avait deux plans généraux de Conscience, le plan Inférieur et le plan Supérieur ; la compréhension de ce fait leur a permis d'atteindre le plan supérieur et d'échapper ainsi à l'oscillation du pendule Rythmique qui se manifestait sur le plan inférieur. En d'autres termes, l'oscillation du pendule se produisait sur le Plan Inconscient et le plan Conscient n'était pas affecté. Ils appellent cette loi la Loi de Neutralisation. Elle consiste dans l'élévation du Moi au-dessus des vibrations du Plan Inconscient de l'activité mentale, afin que le battement négatif du pendule ne se manifeste pas consciemment et que le Plan Conscient ne soit pas affecté.

S'élever au-dessus d'une chose ou la laisser passer devant soi revient au même. Le Maître hermétique ou l'élève avancé se polarise lui-même au pôle désiré et, comme s'il "refusait" de participer à l'oscillation de retour ou, si vous préférez, comme s'il "niait" son influence sur lui, il se maintient ferme dans sa position polarisée et oblige le pendule mental à exécuter son oscillation de retour dans le plan inconscient. Tous les individus qui ont atteint un certain degré de maîtrise personnelle agissent plus ou moins inconsciemment et, en ne se laissant pas affecter par leurs états mentaux négatifs et par l'état de leurs esprits, ils appliquent la Loi de Neutralisation. Cependant, le Maître profite de cette loi à un degré bien plus élevé encore ; par l'emploi de sa Volonté il atteint une Fermeté Mentale presque incroyable de la part de ceux qui se laissent balancer, tirer en avant puis en arrière par le pendule mental des sentiments.

L'importance de ce que nous venons de dire sera appréciée de toute personne pensante qui comprend ce que sont les états d'esprit, les sentiments et les émotions de la grande majorité des gens qui nous entourent et voit combien peu sont maîtres d'eux-mêmes. Si vous vous arrêtez et que vous vouliez réfléchir un instant, vous comprendrez à quel point ces oscillations Rythmiques vous ont affecté pendant votre vie, comment toute période d'Enthousiasme a été suivie d'un sentiment opposé, d'un état de Dépression profonde. De même vos moments de Courage ont été suivis de moments égaux de Crainte. Il en a toujours été ainsi de la grande majorité des individus ; ils se sont constamment laissés envahir par les hauts et les bas de leurs sentiments mais ils n'ont jamais soupçonné la cause ou la raison de ce phénomène mental, Celui qui aura parfaitement compris les agissements de ce Principe aura acquis la clef de la Maîtrise de ces oscillations rythmiques des sentiments ; celle-ci lui permettra de mieux se connaître lui-même et lui épargnera d'être tiraillé par ces flux et ces reflux successifs. La Volonté est supérieure à la manifestation consciente de ce Principe, bien que le Principe lui-même soit indestructible. Nous pouvons échapper à ses effets, mais le Principe n'en exerce pas moins son action pour cela. Le pendule ne cesse pas un instant ses oscillations ; nous pouvons seulement éviter d'être emporté avec lui.

Il existe d'autres détails sur la manière d'opérer du Principe du Rythme dont nous désirons parler en cet endroit. Il se mêle à ces opérations une loi qui est connue sous le nom de Loi de Compensation. Une des nombreuses significations du mot "Compenser" est "Contre-balancer", qui est le sens dans lequel les Hermétistes l'emploient. C'est à cette Loi de Compensation que le Kybalion fait allusion quand il dit : « *La mesure de l'oscillation à droite est semblable à la mesure de l'oscillation à gauche ; le rythme est constant.* »

La Loi de Compensation nous explique que l'oscillation dans une direction détermine l'oscillation dans la direction opposée ou vers le pôle opposé ; l'une balance, ou mieux, contre-balance l'autre. Nous voyons de nombreux exemples de cette Loi sur le Plan Physique. Le pendule de l'horloge parcourt une certaine distance à droite, puis il parcourt une égale distance à gauche. Les saisons se contrebalancent l'une l'autre de la même manière. Les marées suivent la même loi. C'est encore la même Loi qui se manifeste dans tous les phénomènes du Rythme. Si le pendule n'a qu'une faible oscillation dans une direction, il n'aura qu'une oscillation faible dans la direction opposée ; au contraire, une longue oscillation à droite signifie invariablement une longue oscillation à gauche. Un objet projeté à une certaine hauteur a une distance égale à parcourir à son retour. La force avec laquelle un projectile est envoyé à une hauteur d'un kilomètre est reproduite exactement quand ce projectile retombe sur la terre. Cette Loi est constante sur le Plan Physique comme vous vous en rendrez compte si vous vous reportez aux auteurs les plus compétents.

Mais les Hermétistes vont beaucoup plus loin. Ils enseignent que tout état mental humain est également sujet à cette Loi. L'homme qui s'amuse profondément, est sujet à souffrir profondément ; de même celui qui ne ressent qu'une peine légère est incapable de percevoir une grande joie. Le porc souffre peu mentalement mais il n'a que peu de satisfaction mentale ; il est compensé. D'autre part il existe d'autres animaux qui sont profondément heureux, mais dont l'organisme et le tempérament nerveux sont l'occasion de très grandes souffrances. Il en est de même en ce qui concerne l'Homme. Il y a des tempéraments qui ressentent seulement de faibles degrés de plaisir mais en même temps de faibles degrés de souffrance ; il en est d'autres, au contraire, qui sont susceptibles de percevoir les joies les plus intenses mais en même temps les plus vives douleurs. La règle est que, dans chaque individu, les capacités pour le plaisir et la peine sont balancées. La Loi de Compensation agit donc pleinement ici.

Les Hermétistes vont encore bien plus loin. Ils enseignent que tout individu avant d'être capable de ressentir un degré quelconque de plaisir, doit avoir oscillé d'une quantité proportionnelle vers le pôle opposé de ce sentiment. Ils affirment que le Négatif précède le Positif à ce sujet, c'est-à-dire qu'un individu, s'il éprouve un certain degré de plaisir, n'est nullement obligé de "le rembourser" avec un degré correspondant de souffrance ; au contraire suivant la loi de Compensation, le plaisir est l'oscillation Rythmique succédant à une souffrance subie soit dans la vie présente, soit dans une incarnation antérieure. Cela jette une nouvelle Lumière sur les Problème de la Souffrance.

Les Hermétistes considèrent que les vies successives forment une chaîne ininterrompue et que la vie actuelle d'un individu n'en est qu'un chaînon ; c'est ainsi que l'oscillation rythmique est comprise ; elle n'aurait aucune signification si la vérité de la réincarnation n'était pas admise.

Les Hermétistes affirment que le Maître ou l'élève avancé est capable, à un degré considérable, d'éviter l'oscillation vers la Souffrance, grâce au procédé de Neutralisation, dont nous avons parlé plus haut. En s'élevant sur le plan supérieur du Moi, bien des choses qui arrivent à ceux qui habitent sur le plan inférieur peuvent être évitées.

La Loi de Compensation joue un rôle important dans la vie des hommes et des femmes. On remarquera qu'un individu "paye" généralement tout ce qu'il possède ou tout ce qu'il acquiert. S'il possède une chose, une autre lui fait défaut ; la balance est en équilibre. Personne ne peut en même temps "conserver son argent et avoir son morceau de gâteau." Tout a son bon et son mauvais côté. Les choses qu'un individu gagne sont toujours payées par les choses qu'un individu perd. Le riche possède beaucoup de choses qui manquent au pauvre, mais le pauvre possède souvent des choses que le riche ne peut avoir. Le millionnaire peut avoir un faible pour les festins et la fortune nécessaire pour se payer le luxe et apporter les mets délicats sur sa table, mais il peut lui manquer l'appétit pour les goûter avec délices ; il peut envier l'appétit et la bonne digestion du laboureur qui n'a pas la fortune ni les goûts du millionnaire et qui se trouve plus heureux de sa nourriture simple que ne le serait le millionnaire même si son appétit n'était pas usé, ni sa digestion fatiguée ; les coutumes, les habitudes et les inclinations diffèrent. Il en est ainsi dans la vie. La Loi de Compensation est toujours en action, cherchant à balancer et à contre-balancer et atteignant toujours son but, même si plusieurs vies sont nécessaires pour que le Pendule du Rythme exécute son oscillation de retour.

Chapitre XII - La Causalité

« Toute Cause a son effet ; tout effet a sa cause ; tout arrive conformément à la Loi ; la Chance n'est qu'un nom donné à la Loi méconnue ; il y a de nombreux plans de causation, mais rien n'échappe à la Loi. »

Le Kybalion

Le Sixième Grand Principe hermétique, le Principe de la Cause et de l'Effet, implique la vérité que la Loi régit tout l'Univers, que rien n'arrive au hasard, que le Hasard n'est qu'un mot pour désigner une cause existante non reconnue et non comprise, que tout phénomène est continu, sans aucune exception.

Le Principe de la Cause et de l'Effet se retrouve sous n'importe quelle pensée scientifique, ancienne et moderne ; il a été formulé par les Professeurs Hermétiques, dès les premiers jours. S'il y a eu des discussions nombreuses et variées entre les différentes écoles de la pensée, elles ont toujours eu principalement pour sujet les détails de l'opération du Principe et plus souvent encore elles n'ont été que des discussions de mots. Le Principe sous-jacent de la Cause et de l'Effet a été considéré comme pratiquement exact par tous les penseurs dignes de ce nom. Penser autrement serait éliminer les phénomènes de l'univers du domaine de la Loi et de l'Ordre, et les reléguer au contrôle de cette chose imaginaire que les hommes appellent le "Hasard".

Un peu d'attention montrera à chacun qu'en réalité un pur Hasard n'existe pas. Webster le définit comme suit : "Un agent supposé ou un mode d'activité autre qu'une force, qu'une loi ou qu'un objet ; l'opération ou l'activité d'un tel agent ; son effet supposé ; un fait ; une chose fortuite ; un accident", etc. Mais un peu de réflexion vous montrera qu'il ne peut exister un agent tel que le "Hasard", dans le sens de quelque chose d'extérieur à la Loi, de quelque chose d'extérieur à la Cause et à l'Effet. Comment pourrait-il exister une chose, agissant dans l'univers phénoménal et indépendante de ses lois, dépourvue d'ordre et de continuité ? Une telle chose serait entièrement indépendante de la direction ordonnée de l'univers et par conséquent elle lui serait supérieure. Nous ne pouvons pas nous imaginer une chose située hors Du *Tout* qui serait extérieure à la Loi et cela simplement parce que Le *Tout* est la Loi en elle-même. Il n'existe pas dans l'univers un endroit où puisse se loger une chose extérieure et indépendante de la Loi. Son existence rendrait in-effectives toutes les Lois Naturelles et plongerait l'univers dans une illégalité et un désordre chaotiques.

Un examen attentif montrera que ce que nous appelons "Hasard" est simplement un mot destiné à exprimer des causes obscures, des causes que nous ne pouvons percevoir, des causes que nous ne pouvons comprendre. Le mot Hasard dérive d'un mot signifiant "tombé" ; dans le sens de la chute d'un dé par exemple ; l'idée de la chute du dé et beaucoup d'autres faits semblables à attribuer à une cause quelconque. C'est le sens dans lequel le mot est généralement employé. Mais quand on étudie soigneusement la question, on voit que dans la chute du dé, il n'y a nul hasard. Toutes les fois qu'un dé tombe et amène un certain nombre, il obéit à une loi aussi infaillible que celle qui gouverne la révolution des planètes autour du soleil. Derrière la chute du dé, il existe des causes, tout un assemblage de causes qui s'étendent bien plus loin que l'esprit ne peut les suivre. La position du dé dans le cornet, la quantité d'énergie musculaire dépensée pour le renverser, la nature de la table, etc., etc., sont toutes des causes dont l'effet peut être constaté. Mais derrière ces causes visibles il y a des chaînes de causes invisibles dont chacune exerce une influence sur le nombre qu'amènera le dé dans sa chute.

Si un dé est jeté un grand nombre de fois de suite, on s'apercevra que les nombres amenés seront à peu près égaux, c'est-à-dire qu'il y aura un nombre sensiblement égal de 1, de 2, de 3, etc. Lancez en l'air une pièce de deux sous ; il peut y avoir soit "pile" soit "face" ; mais recommencez la même opération un nombre suffisant de fois ; vous vous rendrez compte qu'approximativement, il est arrivé autant de fois "pile" que "face". C'est ainsi qu'opère la Loi de la Moyenne. La simple chiquenaude destinée à lancer la pièce de deux sous en l'air tombe sous le coup de la Loi de la Cause et de l'Effet ; si nous étions capables de pénétrer les causes invisibles, nous verrions clairement qu'il était matériellement impossible au dé de tomber d'une manière différente qu'il ne l'a fait, les circonstances et le moment étant les mêmes, naturellement. Les mêmes causes étant données, les mêmes résultats devront nécessairement suivre. Tout événement a sa "cause", son "pourquoi". Rien n'arrive jamais sans une cause ou mieux sans une succession de causes.

Quelque confusion est née dans l'esprit des personnes qui ont étudié ce Principe, parce qu'elles étaient incapables d'expliquer comment une chose pouvait être cause d'une autre, c'est-à-dire pouvait être créatrice de la seconde chose. En réalité, jamais une "chose" ne cause ou ne "crée" une autre "chose". La Cause et l'Effet intéressent simplement les "événements". Un "événement" est "ce qui vient, ce qui arrive, ce qui se produit, comme résultat ou comme conséquence de quelque événement précèdent. Un "événement" ne crée pas un autre événement ; il en constitue un maillon dans la grande chaîne ordonnée des événements sortie de l'énergie créative Du *Tout* . Il y a une continuité entre tous les événements précédents, conséquents et subséquents. Il existe toujours un rapport entre tout événement qui s'est produit il y a quelques instants et un événement qui le suit, Une pierre se détache du sommet d'une montagne et vient traverser le toit d'une cabane située dans la vallée au-dessous. A première vue, nous sommes tentés de considérer cela comme un effet du hasard ; mais quand nous examinons plus en détail le cas, nous nous rendons compte qu'il y a une grande suite de causes derrière cet événement. D'abord, il y a la pluie qui a détrempé le terrain qui supportait la pierre et qui a permis à celle-ci de tomber ; derrière la pluie, il y a l'influence du soleil, d'autres pluies, etc., qui ont désagrégé graduellement le rocher et en ont séparé ce morceau de pierre ; par derrière encore, il y a les causes qui ont conduit à la formation de la montagne, son émergement du sol grâce aux convulsions de la nature et ainsi de suite à l'infini. Ainsi, nous pourrions chercher les causes qui ont produit la pluie ; nous pourrions étudier les causes de l'existence de la toiture de la petite cabane. En un mot, nous finirions par être mêlés à tout un imbroglio de causes et d'effets dont nous ne demanderions qu'à sortir.

De même qu'un homme a deux parents, quatre grands parents, huit grands-grands-parents, seize grands-grands-grands-parents et ainsi de suite jusqu'à ce que le calcul de quarante générations amène le nombre des ancêtres à plusieurs millions, de même le nombre de causes qui se, trouvent derrière l'événement ou le phénomène le plus minime, par exemple le passage d'un petit morceau de suie devant votre œil, devient excessivement élevé. Ce n'est pas une tâche aisée de tracer l'histoire de ce morceau de suie depuis les jours primitifs de l'histoire du monde où il formait une partie d'un tronc d'arbre massif qui fut plus tard converti en charbon, et ainsi de suite, jusqu'à ce qu'il soit devenu le morceau de suie qui passe devant vos yeux destiné à d'autres aventures innombrables. Une longue suite d'événements de causes et d'effets l'a conduit à sa condition présente ; le dernier événement n'est qu'un maillon de la chaîne des événements qui produiront encore d'autres événements dans des centaines d'années. Quelques faits causés par ce simple morceau de suie sont l'écriture de ces lignes qui a obligé le typographe et le correcteur des épreuves à accomplir un certain travail, et qui éveillera certaines pensées dans votre esprit et dans celui des autres, lequel à son tour en influencera d'autres et ainsi de suite, tout cela à cause du passage d'un infime morceau de suie. Ce que nous venons de dire montre bien la relativité et l'association des choses et ce fait plus profond "qu'il n'y a ni grandes ni petites choses dans l'Esprit qui a tout créé."

Arrêtez-vous et réfléchissez un instant. Si un certain homme n'avait pas rencontré une certaine femme dans la période obscure de l'Age de Pierre, vous qui lisez ces lignes, vous ne seriez pas ici en ce moment.

Et si le même couple ne s'était pas rencontré, peut-être nous, qui écrivons ces lignes, ne serions-nous pas ici. L'acte d'écrire, de notre part, et l'acte de lire, de la vôtre, influenceront non seulement les vies respectives de chacun de nous, mais pourront avoir une influence directe ou indirecte sur un grand nombre d'individus actuellement vivants ou qui vivront dans les âges à venir. Toute pensée que nous avons, tout acte que nous accomplissons, a ses résultats directs et indirects qui tiennent leur place dans la grande chaîne de la Cause et de l'Effet.

Dans cet ouvrage, pour diverses raisons, nous ne voulons pas parler longuement du Libre Arbitre et du Déterminisme. Parmi ces nombreuses raisons une des principales est qu'aucun côté de la controverse n'est entièrement exact ; en fait les deux théories sont partiellement vraies si l'on s'en rapporte aux Enseignements hermétiques. Le Principe de Polarité montre que toutes deux ne sont que des demi-Vérités, les pôles opposés de la Vérité. La Doctrine enseigne qu'un homme peut être à la fois Libre ou Lié par une nécessité quelconque ; tout dépend du sens des mots et de la hauteur de la Vérité d'où la question est examinée. Les anciens écrivains examinaient le sujet comme il suit : "Plus la création est éloignée du Centre, plus elle est déterminée ; plus elle se rapproche du Centre plus elle est près de la Liberté."

La grande majorité des gens est plus ou moins esclave de l'hérédité, de l'entourage, etc., et ne possède la Liberté que dans une faible mesure. Les individus sont maniés par les opinions, les habitudes et les pensées du monde extérieur et aussi par leurs émotions, leurs sentiments et leurs états d'esprit, etc. Ils ne manifestent rien qui soit digne du nom de Maîtrise. Ils repoussent d'ailleurs avec indignation cette affirmation, disant : "Certainement je suis libre d'agir et de faire comme il me plaît ; je fais toujours ce que je veux" ; mais ils oublient d'expliquer d'où surgissent leurs "comme il plaît" et leurs "ce que je veux". Qu'est-ce qui leur fait "préférer" une chose à une autre ? Qu'est-ce qui les fait "vouloir" ceci et non pas cela ? N'y a-t-il pas un "pourquoi" à leur "bon plaisir" et à leur "volonté" ? Le Maître peut changer ses "bons plaisirs" et ses "volontés" en d'autres sentiments situés à l'extrémité opposée du pôle mental. Il est capable de "vouloir vouloir", au lieu de vouloir parce qu'un sentiment quelconque, un état d'esprit, une émotion, ou une suggestion environnante éveille en lui un désir ou une tendance à agir ainsi.

La grande majorité des gens se laisse conduire comme la pierre qui roule sur la montagne, obéissant à leur entourage, aux influences extérieures et à leurs états d'esprit intimes, à leurs désirs, etc., pour ne pas parler des désirs et des volontés des individus plus forts qu'eux-mêmes, de l'hérédité, de la suggestion qu'ils rencontrent à chaque pas, les menant sans la moindre résistance et sans la moindre opposition de Volonté. Mus comme des pions sur l'échiquier de la vie, ils jouent leur rôle et sont mis de côté quand la partie est finie. Mais les Maîtres, connaissant les règles du jeu, s'élèvent au-dessus du plan de vie matériel et se mettant en contact avec les pouvoirs supérieurs de la nature, ils dominent leurs propres inclinations, leur caractère, leurs qualités et leurs défauts, leur polarité, aussi bien que tout ce qui les entoure, ils deviennent ainsi les joueurs dans la grande partie au lieu d'être les pions ; ils sont les Causes au lieu d'être les Effets. Les Maîtres n'échappent pas à la Causalité des plans supérieurs, mais ils s'assimilent leurs lois ; ainsi, ils dominent les circonstances sur les plans inférieurs. Ils forment une partie consciente de la Loi, au lieu d'en être des instruments inconscients. Pendant qu'ils Servent sur le Plan Supérieur, ils sont Maîtres sur le Plan Matériel.

Qu'il s'agisse des plans supérieurs ou des plans inférieurs, la Loi est constamment en action. Le Hasard n'existe pas. La déesse aveugle est abolie par la Raison. Nous sommes capables, maintenant, de voir avec des yeux rendus clairvoyants par le savoir, que tout est gouverné par LA LOI Universelle, que la quantité innombrable de lois n'est qu'une manifestation de la Seule Grande Loi, de la Loi qui est Le *Tout* . C'est une vérité que pas un moineau n'existe insoupçonné de l'Esprit Du *Tout*, que même les cheveux qui se trouvent sur notre tête sont comptés exactement, comme l'ont dit les écritures. Rien n'existe en dehors de la Loi, rien n'arrive en opposition avec elle. Surtout ne commettez pas l'erreur de supposer que l'Homme n'est qu'un automate aveugle ; loin de là. Les Enseignements hermétiques nous disent que l'homme peut se servir de la Loi pour maîtriser les lois et que la volonté supérieure prévaut toujours contre la volonté inférieure jusqu'au moment où elle atteint l'état par lequel elle cherche refuge dans la Loi elle-même et par lequel elle oblige les lois phénoménales à s'incliner. Saisissez-vous bien la signification intime de tout cela ?

Chapitre XIII - Le Genre

« Il y a un genre en toutes choses ; tout a ses Principes Masculin et Féminin ; le Genre se manifeste sur tous les plans. »

Le Kybalion

Le Septième grand Principe hermétique, le Principe du Genre, implique la vérité que le Genre se manifeste dans toute chose, que les principes Masculin et Féminin sont toujours présents et actifs dans toutes les phases d'un phénomène, sur n'importe quel plan de vie. A cet endroit, nous croyons utile d'attirer votre attention sur le fait que le Genre dans son sens hermétique et le Sexe dans le sens ordinaire du mot, ne sont nullement la même chose.

Le mot "Genre" dérive d'une racine latine signifiant "engendrer, procréer, faire naître, créer, produire". Un moment d'attention vous montrera que ce mot a une signification plus large et plus générale que le mot "Sexe,", ce dernier se rapportant aux distinctions physiques existant entre les choses vivantes, mâles et femelles. Le Sexe est simplement une manifestation du genre sur un certain plan du Grand Plan Physique, le plan de la vie organique. Nous voudrions imprimer cette différence dans votre esprit car quelques écrivains, qui ont acquis seulement une connaissance superficielle de la Philosophie hermétique, ont cherché à identifier ce Septième Principe Hermétique, avec les théories et les enseignements étranges, fantaisistes et souvent répréhensibles concernant le Sexe.

Le but du Genre est seulement de créer, de produire, d'engendrer etc., et ses manifestations sont visibles sur n'importe quel plan de la vie phénoménale. Il y a quelques difficultés à produire des preuves scientifiques à ce sujet parce que la science n'a pas encore reconnu ce Principe comme étant d'une application universelle. Cependant quelques preuves proviennent de sources scientifiques. D'abord nous trouvons une manifestation très nette du Principe du Genre parmi les corpuscules, les ions et les électrons qui constituent la base de la matière ainsi que le reconnaît la science, et qui, en se combinant d'une certaine manière donnent naissance à l'Atome, lequel, il n'y a pas bien longtemps encore, était considéré comme un et indivisible.

Le dernier mot de la science est que l'atome est composé d'une multitude de corpuscules, d'électrons et d'ions, (ces divers noms étant appliqués par plusieurs auteurs compétents), tournant les uns autour des autres et pourvus de vibrations de très haute intensité. Mais la science ajoute que la formation de l'atome est due en réalité au groupement de corpuscules négatifs autour de corpuscules positifs ; les corpuscules positifs semblent donc exercer une certaine influence sur les corpuscules négatifs, obligeant ceux-ci à exécuter certaines combinaisons et à "créer", à "engendrer" un atome. Cela va de pair avec les Enseignements hermétiques les plus anciens qui ont toujours identifié le principe Masculin du Genre avec le pôle électrique "Positif", et le principe Féminin avec le pôle "Négatif".

Maintenant, un mot concernant cette identification, l'esprit public s'est formé une impression entièrement erronée sur les qualités de ce qu'on appelle pôle "Négatif" de la Matière électrisée ou magnétisée. Les mots Positif et Négatif sont appliqués à ces phénomènes par la science d'une manière tout à fait fausse. Le mot Positif signifie quelque chose de réel et de puissant, comparé à une faiblesse ou à une irréalité Négative.

Rien n'est plus éloigné de la réalité en ce qui concerne les phénomènes électriques. Ce qu'on appelle le pôle Négatif de la pile est en réalité le pôle dans lequel et par lequel la génération et la production de nouvelles formes d'énergie se manifeste. Il n'y a rien de "négatif". Les auteurs scientifiques les plus compétents se servent maintenant du mot "Cathode" au lieu de "Pôle négatif", Cathode venant d'une racine grecque signifiant "descente, voie de génération", etc. De la Cathode sort l'essaim d'électrons et de corpuscules ; du même pôle émergent ces merveilleux "rayons cathodiques" qui ont révolutionné les conceptions scientifiques durant les dix dernières années. La Cathode est la Mère de tous les étranges phénomènes qui ont rendu inutiles les vieux ouvrages de physique et qui ont fait reléguer de nombreuses théories acceptées depuis longtemps dans le domaine de la spéculation scientifique. La Cathode, ou Pôle Négatif, est le Principe Maternel des Phénomènes Electriques et des formes de matière les plus délicates connues de la science jusqu'à ce jour. Vous voyez donc que nous avons raison de refuser d'utiliser le mot "Négatif" pour le sujet qui nous occupe et d'insister pour qu'on substitue à l'ancienne expression le mot "Féminin". Les faits que nous voyons chaque jour nous conduisent à cette conclusion sans avoir besoin de nous reporter à la Doctrine hermétique. Nous nous servirons donc du mot "Féminin" à la place de "Négatif" en parlant de ce pôle d'activité.

Les derniers, enseignements scientifiques affirment que les corpuscules ou les électrons créatifs sont Féminins ; la science dit "qu'ils sont composés d'électricité négative" ; nous, nous disons qu'ils sont composés d'énergie Féminine. Un corpuscule Féminin se détache ou plus exactement quitte un corpuscule Masculin et entreprend une nouvelle carrière. Il recherche activement une union avec un corpuscule Masculin, étant porté à cela par l'impulsion naturelle de créer des formes nouvelles de Matière et d'Energie. Un auteur connu va plus loin encore et affirme "qu'il cherche immédiatement cette conjugaison de sa propre volonté" etc. Ce détachement, cette union constituent la base de la plus grande partie des activités du monde chimique. Quand le corpuscule Féminin s'unit au corpuscule Masculin, un certain processus commence. Les particules Féminines se mettent à vibrer sous l'influence de l'énergie Masculine et tournent avec rapidité autour des corpuscules Masculins. Il en résulte la naissance d'un nouvel atome. Ce nouvel atome est donc en réalité composé d'électrons ou corpuscules Masculins et Féminins ; mais quand l'union est accomplie, l'atome est une chose séparée possédant des propriétés spéciales et ne manifestant plus les propriétés de l'électricité libre. Le processus du détachement ou de la séparation des électrons Féminins s'appelle "ionisation". Ces électrons ou corpuscules sont les travailleurs les plus actifs du grand champ de la nature. De leur union et de leurs combinaisons, sortent les divers phénomènes de lumière, de chaleur, d'électricité, de magnétisme, d'attraction, de répulsion, d'affinité chimique, de non-affinité chimique, et tous les autres phénomènes de même nature. Cela est dû à l'opération du Principe du Genre sur le plan de l'Energie.

Le rôle du principe Masculin semble être de diriger vers le principe Féminin une certaine énergie inhérente, et de mettre ainsi en activité le processus créatif. Mais le principe Féminin est toujours celui qui accomplit le travail actif créateur ; il en est ainsi sur tous les plans. Et cependant l'un ou l'autre principe isolé est incapable de créer sans l'assistance de l'autre. Dans quelques formes de vie, les deux principes sont combinés dans un même organisme. Tout, dans le monde organique manifeste les deux genres ; la forme Masculine est toujours présente dans la forme Féminine, et vice-versa. La Doctrine hermétique insiste beaucoup sur l'opération des deux principes du Genre dans la production et dans la manifestation des différentes formes d'énergie, mais nous ne croyons pas utile d'entrer dans beaucoup de détails à ce sujet, parce que nous sommes incapables de confirmer ces vérités à l'aide de preuves scientifiques, pour cette raison que la science n'a pas encore approfondi suffisamment la question. Mais l'exemple que nous avons donné de l'activité des électrons et des corpuscules vous montrera que la science est sur la bonne voie et vous donnera aussi une idée générale des premiers principes.

Quelques éminents investigateurs scientifiques ont annoncé qu'ils croyaient que dans la formation du cristal, on devait trouver quelque chose correspondant à "l'activité sexuelle" ; ce nouveau fait montre bien dans quelle direction soufflent les vents de la science. Chaque année apportera de nouveaux faits qui viendront prouver l'exactitude du Principe hermétique du Genre. On s'apercevra que le Genre opère et se manifeste constamment dans le champ de la matière inorganique et dans le champ de l'énergie et de la force. L'Electricité est généralement considérée aujourd'hui comme le "quelque chose" dans lequel toutes les autres formes d'énergie semblent se fondre et se dissoudre. La "Théorie Electrique de l'Univers" est la doctrine scientifique la plus moderne ; elle devient de plus en plus populaire et ceux qui l'acceptent deviennent de plus en plus nombreux. Il résulte de ce que nous avons dit que, si nous sommes capables de découvrir dans les phénomènes électriques, même à la source de leurs manifestations, l'évidence claire et nette de la présence du Genre et de son activité, nous avons raison de vous demander de croire que la science finira par découvrir les preuves de l'existence, dans tous les phénomènes universels, de ce grand Principe hermétique, le Principe du Genre.

Il n'est pas utile de vous importuner avec les phénomènes si connu de "l'attraction et de la répulsion" des atomes, de l'affinité chimique, des "amours et des haines" des particules atomiques, de l'attraction et de la cohésion entre les molécules de matière. Ces faits sont trop connus pour nécessiter de notre part des commentaires étendus. Mais vous êtes-vous jamais douté que tous ces faits étaient des manifestations du Principe du Genre ? Avez-vous jamais pensé que ces phénomènes étaient symétriques aux phénomènes des électrons et des corpuscules ? Vous avez sans doute souvent constaté la modération de la Doctrine hermétique, cependant elle affirme que même la Loi de la Gravitation, cette étrange attraction par laquelle toutes les particules et tous les corps de matière tendent dans l'univers les uns vers les autres, est aussi une manifestation du Principe du Genre ; dans ce cas, il opère en attirant les énergies Masculines vers les énergies Féminines et vice-versa. Nous ne pouvons actuellement vous donner des preuves scientifiques de ce fait ; mais examinez les phénomènes dans la lumière que la Doctrine hermétique répand sur le sujet, et voyez si vous n'avez pas une hypothèse incomparablement meilleure que n'importe quelle autre, fournie par la science physique. Essayez pour tous les phénomènes matériels et vous verrez le Principe du Genre toujours en évidence.

Passons maintenant à l'étude de l'opération de ce Principe sur le Plan Mental. De nombreux faits intéressants attendent d'être étudiés.

Chapitre XIV - Le Genre Mental

Les étudiants en psychologie qui ont suivi la direction moderne de la pensée dans les phénomènes mentaux sont frappés par la persistance de l'idée d'un esprit double qui s'est manifestée puissamment dans les dix ou quinze dernières années et qui a donné naissance à un grand nombre de théories plausibles concernant la nature et la constitution de ces "deux esprits". Thomson J. Hudson s'est acquis une grande popularité en 1893 en avançant sa théorie bien connue de "l'esprit subjectif et de l'esprit objectif" qu'il affirmait exister conjointement dans chaque individu. D'autres auteurs se sont attiré une attention au moins égale avec leurs théories concernant "l'esprit conscient et subconscient", "l'esprit volontaire et involontaire", "l'esprit actif et l'esprit passif", etc., etc. Les théories de ces différents philosophes diffèrent les unes des autres, mais il subsiste cependant dans tout le principe de la "dualité de l'esprit."

L'étudiant en Philosophie hermétique est tenté de sourire quand il lit ou quand il entend parler de ces "théories nouvelles" au sujet de la dualité de l'esprit, chaque école se confinant avec ténacité dans ses propres idées et proclamant toujours partout avoir "découvert la vérité". L'étudiant se reporte aux pages de l'histoire occulte et, tout au commencement des Enseignements secrets il retrouve des références à l'Ancienne doctrine hermétique du Principe du Genre sur le Plan Mental, la manifestation du Genre Mental. En examinant tout cela avec attention, il se rend compte que la philosophie ancienne avait connaissance du phénomène de la "dualité de l'esprit" et en tenait compte dans sa théorie du Genre Mental. Cette idée du Genre Mental peut être expliquée en quelques mots aux étudiants qui sont familiarisés avec les théories modernes qui y font allusion. Le Principe Masculin de l'Esprit correspond à ce qu'on appelle l'Esprit Objectif, l'Esprit Conscient, l'Esprit Volontaire, l'Esprit Actif, etc. Le Principe Féminin de l'Esprit correspond à ce qu'on appelle l'Esprit Subjectif, l'Esprit Subconscient, l'Esprit Involontaire, l'Esprit Passif, etc. Naturellement, les Enseignements hermétiques n'acceptent pas les nombreuses théories modernes concernant la nature des deux phases de l'esprit, de même qu'ils n'admettent pas un grand nombre de faits attribués à ses deux aspects respectifs, quelques-unes de ces théories et de ces affirmations étant très superficielles et incapables de fournir des expériences et des démonstrations concluantes. Nous insistons surtout sur les ressemblances de ces diverses théories dans le but de permettre à l'étudiant d'assimiler ses connaissances précédemment acquises avec les enseignements de la Philosophie hermétique. Les élèves de Hudson remarquèrent ce jugement qui se trouve au commencement de son deuxième, chapitre de "La Loi des Phénomènes Psychiques" et que voici : "Le jargon mystique des philosophes hermétiques découvre la même idée générale", c'est-à-dire la dualité de l'esprit. Si le Docteur Hudson avait pris le temps et la peine de déchiffrer un peu du jargon mystique des philosophes hermétiques", il aurait pu acquérir beaucoup de lumière au sujet de la "dualité de l'esprit", mais, alors, sans doute, son très intéressant ouvrage n'aurait pas été écrit. Voyons maintenant ce que nous disent les Enseignements hermétiques concernant le Genre Mental.

Les Professeurs hermétiques commencent leur enseignement à ce sujet en priant les élèves d'examiner le rapport de leur conscience au sujet de leur Moi. L'étudiant est prié de diriger son attention sur le Moi qui se trouve dans chaque individu. Il est amené à constater que sa conscience lui montre d'abord l'existence du Moi ; il en conclut : "Je suis". Au premier abord, cette affirmation semble le dernier mot de la conscience, mais un examen plus attentif découvre le fait que ce "Je suis" peut être divisé en deux parties distinctes, en deux aspects qui, bien que travaillant en union et en conjugaison intime, peuvent cependant être séparés.

Tandis qu'au premier abord, il semble n'exister qu'un "Je", une étude plus profonde à plus attentive révèle l'existence d'un "Je" et d'un "Moi". Ces deux frères mentaux diffèrent dans leur nature et dans leurs caractéristiques réciproques ; l'examen de leur nature et des phénomènes qui émanent de la même volonté pourra jeter une grande lumière sur bien des problèmes de l'influence mentale.

Commençons par considérer le "Moi" qui est fréquemment confondu avec le "Je" par l'élève, tant qu'il n'a pas poussé son enquête jusque dans le dédale de la conscience. Un homme considère son Etre, sous son aspect du "Moi" comme composé de certains sentiments, de certains goûts, de dégoûts, d'habitudes, de tics et de caractéristiques particulières, qui contribuent tous à former sa personnalité ou le "Moi" que lui-même et ses compagnons connaissent. Il sait que les sentiments et les émotions changent, qu'ils naissent et meurent, qu'ils sont sujets au Principe de Polarité qui le porte d'un sentiment extrême au sentiment contraire. Il considère que son "Moi" n'est autre chose qu'une certaine connaissance qu'il a acquise et qui forme ainsi une partie de lui-même. C'est cela le "Moi" d'un homme.

Mais nous sommes allés trop vite. On peut dire que le "Moi" de beaucoup d'individus consiste surtout dans la conscience du corps et de ses appétits physiques. Leur conscience étant imbue de la nature de leur corps, leur vie est donc pratiquement dirigée dans ce sens. Quelques hommes vont même jusqu'à penser que leur "machine physique" est une partie de leur "Moi" ; ils la considèrent comme une partie d'eux-mêmes. Un auteur humoriste a écrit avec beaucoup de vérité que "l'homme est formé de trois choses essentielles : l'âme, le corps et les habits". Ces individus ainsi "habillés" perdraient leur personnalité si, par hasard, des sauvages venaient à les dépouiller de leurs vêtements après un naufrage par exemple. Mais, même ceux qui ne sont pas aussi étroitement butés dans cette idée de "vêtements", croient fermement que leur enveloppe physique fait partie de leur "Moi" et même est ce "Moi" lui-même. Ils ne conçoivent pas un "Moi" indépendant de leur corps. Leur esprit leur paraît être pratiquement une "chose appartenant" à leur corps, ce qui est d'ailleurs vrai dans un grand nombre de cas.

Mais au fur et à mesure qu'un homme s'élève sur l'échelle de la conscience, il devient capable de séparer l'idée du "Moi" de l'idée du corps ; il pense que son enveloppe physique "appartient" à la partie mentale qui se trouve en lui. Mais, même à ce moment, il peut encore identifier entièrement ce "Moi" avec les états mentaux, les sentiments qu'il sait exister en lui. Il peut encore considérer ces états internes identiques avec lui-même, au lieu de les considérer simplement comme des "choses" produites par une petite partie de sa mentalité et existant à l'intérieur de lui, mais n'étant pas cependant "lui-même". Il voit qu'il peut changer ces états intérieurs de sentiments par un effort de la volonté et qu'il peut produire un sentiment ou un état d'une nature exactement opposée ; cependant, il se rend compte que c'est toujours le même "Moi" qui existe. Ainsi au bout d'un certain temps, il devient capable de mettre de côté ses divers états mentaux, ses émotions, ses sentiments, ses habitudes, ses qualités, ses caractéristiques et toutes les autres choses mentales qui lui appartiennent ; il devient capable de les considérer comme faisant partie de cette collection de curiosités et de choses encombrantes qu'on appelle le "Non-Moi". Cela nécessite une grande concentration mentale et un pouvoir d'analyse considérable de la part de l'élève. Cependant, le travail est possible pour l'adepte ; même ceux qui ne sont pas aussi avancés sont susceptibles de voir, en imagination, comment ce processus peut s'accomplir.

Une fois que l'élève, comme nous venons de le dire, a fini de mettre de côté comme faisant du non-moi les sentiments qui habitent son esprit, il s'aperçoit qu'il est en possession consciente d'un Etre qu'il peut considérer sous le double aspect du "Moi" et du "Je". Le "Moi" sera perçu comme une Chose Mentale dans laquelle les pensées, les idées, les émotions, les sentiments et les autres états mentaux peuvent être produits. Il peut être considéré comme le "sein mental", c'est ainsi que les anciens l'appelaient, capable d'enfanter les fils mentaux. Il apparaît à la conscience comme un "Moi" doué du pouvoir latent de créer et d'engendrer une progéniture mentale de n'importe quelle nature. Ses pouvoirs d'énergie créative sont énormes. Et encore, il semble qu'il reçoive quelque forme d'énergie soit de son compagnon, le "Je", soit d'autres "Je" extérieurs à lui pour être capable de réaliser matériellement ses créations mentales. Il résulte de cela qu'il se constitue une capacité énorme de travail mental et d'habileté créatrice.

Mais l'étudiant se rend vite compte qu'il ne trouve pas seulement cela dans sa conscience intime. Il trouve qu'il existe une Chose mentale qui est capable de Vouloir que le "Moi" agisse dans une direction créatrice et qui est également capable de se tenir en dehors de la création mentale et de se comporter vis-à-vis d'elle comme un spectateur. Cette partie de lui-même, il est porté à l'appeler "Je". Il peut se reposer à volonté sur sa connaissance. Il trouve dans ce "Je", non pas une faculté d'engendrer et de créer activement, dans le sens du processus graduel ordinaire des opérations mentales, mais une faculté de projeter une énergie du "Je" Vers le "Moi", une faculté de "vouloir" que la création mentale commence et suive régulièrement son cours. Il s'aperçoit également que le "Je" est capable de rester neutre, de rester témoin inactif des créations et des générations mentales du "Moi". Ce double aspect de l'esprit se trouve dans tout individu. Le "Je" représente le Principe Masculin du Genre Mental ; le "Moi" représente le Principe Féminin. Le "Je" est l'aspect de l'Etre ; le "Moi" est l'Aspect du Devenir. Vous remarquerez que le Principe de Correspondance opère sur ce plan de la même manière qu'il opère sur le grand plan sur lequel la création des Univers s'accomplit. Les deux plans sont de nature semblable, bien qu'ils soient profondément différents en degrés. *« Ce qui est en Haut est comme ce qui est en Bas ; ce qui est en Bas est comme ce qui est en Haut. »*

Ces différents aspects de l'esprit, les Principes Masculin et Féminin, le "Je" et le "Moi", considérés en liaison avec les phénomènes psychiques et mentaux, bien connus donnent la maîtresse-clef qui permet de pénétrer jusqu'aux régions inconnues et profondément obscures de l'opération et de la manifestation mentale. Le principe du Genre Mental montre la vérité qui se cache dans le vaste champ des phénomènes de l'influence mentale.

Le Principe Féminin tend constamment à recevoir des impressions, tandis que le Principe Masculin tend à les donner et à les exprimer. Le Principe Féminin travaille à engendrer des pensées, des idées nouvelles, il assume le travail de l'imagination. Le Principe Masculin se contente d'assumer le travail de la "Volonté", dans ses diverses phases. Et même, privé de l'aide active de la Volonté du Principe Masculin, le Principe Féminin est apte là engendrer des images mentales qui sont le résultat d'impressions reçues du dehors, au lieu de produire des créations mentales originales.

Les individus qui sont capables d'accorder une attention continue et de penser constamment à un sujet, emploient les deux Principes mentaux, le Principe Féminin pour le travail d'une génération mentale active et la Volonté Masculine pour stimuler et pour renforcer la portion créative de l'esprit. La grande majorité des individus n'emploient en réalité le Principe Masculin que faiblement ; ils se contentent de vivre conformément aux pensées et aux idées envoyées dans leur "Moi" par le "Je" de l'esprit des autres individus. Mais notre intention n'est pas d'insister longuement sur cette partie du sujet que l'on peut étudier dans n'importe quel bon ouvrage de psychologie, avec la clef que nous avons donnée en ce qui concerne le Genre Mental.

Celui qui étudie les phénomènes psychiques est instruit des merveilleux phénomènes classés sous le nom de Télépsychie, de Transmission de pensée, d'Influence Mentale, de Suggestion, d'Hypnotisme, etc. Un grand nombre de gens ont cherché une explication de ces différentes phases de phénomènes dans les théories des divers professeurs qui préconisent la "dualité de l'esprit". Ils ont raison dans une certaine mesure, car il y a très nettement dans ces phénomènes une manifestation de deux phases distinctes d'activité mentale. Mais, si ces élèves considéraient cette "dualité de l'esprit" à la lumière des Enseignements hermétiques concernant les Vibrations et le Genre Mental, ils verraient que la clef qu'ils recherchent depuis longtemps se trouve à portée de leur main.

Dans le phénomène de la Télépsychie, on voit comment l'Energie Vibratoire du Principe Masculin est projetée vers le Principe Féminin d'un autre individu et comment ce dernier s'empare du germe de pensée et lui permet de se développer jusqu'à maturité complète. La Suggestion et l'Hypnotisme opèrent de la même manière. Le Principe Masculin de l'individu qui donne la suggestion dirige un courant d'Energie Vibratoire ou de Pouvoir de Volonté vers le Principe Féminin de l'autre individu et celui-ci l'accepte, la fait sienne, puis agit et pense en conséquence. Une idée ainsi logée dans l'esprit d'une autre personne croît et se développe et finit par être considérée comme le véritable fils mental de l'individu, tandis qu'en réalité elle est comme l'œuf du coucou placée dans le nid du moineau où il détruit la véritable descendance et fait sa maison du nid de son hôte. La méthode normale consiste à coordonner et à faire agir harmonieusement dans l'esprit de l'individu les principes Masculin et Féminin en liaison étroite l'un avec l'autre. Malheureusement, chez la grande majorité des gens, le Principe Masculin est paresseux, la quantité de Pouvoir de Volonté est trop faible ; il en résulte que ces individus se laissent entièrement mener par les esprits et la volonté des autres personnes à qui ils permettent de penser et de vouloir à leur place. Comment des actes ou des pensées originales peuvent-ils être accomplis par ces individus paresseux ? La plupart des gens n'est-elle pas un écho, une simple ombre de ceux qui ont une volonté et un esprit plus puissants qu'eux ? Le mal est que les personnes paresseuses agissent toujours avec la conscience du "Moi" ; ils ne comprennent pas l'existence d'une chose telle que le "Je". Elles sont polarisées dans le Principe Féminin de l'Esprit et le Principe Masculin, dans lequel se loge la Volonté, reste inactif et n'est pas employé.

Les hommes et les femmes vraiment puissants utilisent invariablement le Principe Masculin de la Volonté, et c'est à ce fait qu'ils doivent matériellement leur force. Au lieu de vivre sur les impressions créées dans leur esprit par celui des autres, ils dominent leur propre esprit par leur Volonté ce qui leur permet d'obtenir les images mentales qu'ils désirent et même de dominer par le même procédé l'esprit des autres individus. Regardez les gens puissants ; voyez comment ils font pour implanter leurs pensées dans l'esprit des foules, obligeant celles-ci à entretenir des idées conformes à leurs désirs et à leurs volontés. C'est pour cette raison que ces foules se laissent mener comme des troupeaux, ne manifestant jamais une pensée originale et ne se servant même pas de leur propre pouvoir d'activité mentale.

On peut voir le Genre Mental se manifester autour de nous à toute heure de notre vie. Les individus magnétiques sont ceux qui sont capables d'utiliser le Principe Masculin pour imprimer leurs idées chez les autres personnes. L'acteur qui fait pleurer, rire ou crier les spectateurs à volonté, se sert de ce Principe. Il en est de même de l'orateur applaudi, de l'homme d'Etat, du prédicateur, de l'écrivain ou de tout autre individu susceptible d'attirer l'attention du grand public. L'influence particulière exercée par certaines personnes sur leur entourage est due à la manifestation du Genre Mental, employé dans la direction Vibratoire, comme nous l'avons déjà dit. Dans ce principe gît le secret du magnétisme, de l'influence personnelle, de la fascination, etc., en même temps que le secret de tous les phénomènes généralement groupés sous le nom d'Hypnotisme.

L'élève qui s'est familiarisé avec les phénomènes usuellement appelés phénomènes "psychiques" aura découvert le rôle important joué dans ces phénomènes par cette force que, la science a appelée la "Suggestion", mot par lequel on veut dire le procédé ou la méthode par laquelle une idée est transférée, imprimée dans l'esprit d'un autre individu, obligeant cet autre esprit à agir conformément à la volonté de celui qui donne la suggestion. Une compréhension correcte de la Suggestion est nécessairement indispensable pour saisir intelligemment les divers phénomènes psychiques qui en découlent. Mais ce qui est encore plus nécessaire pour l'étudiant, c'est une connaissance exacte de la Vibration et du Genre Mental, car, le Principe entier de la Suggestion dépend du principe du Genre Mental et du principe de Vibration.

Les Hypnotiseurs et ceux qui professent la Suggestion ont l'habitude d'expliquer que c'est l'esprit "objectif ou volontaire" qui fait l'impression mentale, la suggestion sur l'esprit "subjectif ou involontaire."

Mais ils ne décrivent pas le processus ou ne nous donnent pas d'exemple bien net de nature à nous faire comprendre clairement cette idée. Si vous étudiez le sujet à la lumière des Enseignements hermétiques, vous serez capable de voir que la stimulation du Principe Féminin par l'Energie Vibratoire du Principe Masculin est tout à fait conforme aux lois universelles de la nature et que le monde naturel nous montre d'innombrables exemples tendant à bien faire comprendre le Principe. En fait, les Enseignements hermétiques montrent que la création de l'Univers suit la même loi et que, dans toute manifestation créatrice, que ce soit sur les plans physique, spirituel ou mental, c'est toujours le Principe du Genre, c'est-à-dire la manifestation des Principes Masculin et Féminin, qui opère. « *Ce qui est en Haut est comme ce qui est en Bas ; ce qui est en Bas est comme ce qui est en Haut.* » Mieux encore, une fois que le principe du Genre Mental est parfaitement compris, les divers phénomènes de la Psychologie deviennent de suite susceptibles d'être classés et étudiés intelligemment, au lieu de rester profondément obscurs. Pratiquement, le Principe "travaille activement", parce qu'il est basé sur les lois universelles et immuables de la vie.

Nous ne ferons pas une discussion ni une description détaillée des divers phénomènes de l'influence ou de l'activité mentales. De nombreux ouvrages, dont quelques-uns sont excellents, ont été écrits sur cette question dans ces dernières années. L'élève peut se reporter à ces ouvrages (*Se reporter, pour développements, aux deux ouvrages de M. Henri Durville : Cours de Magnétisme personnel et la Science secrète.*) ; en utilisant la théorie du Genre Mental, il sera capable de sortir victorieux du chaos de théories et d'enseignements contraires ; il pourra, s'il se sent les dispositions nécessaires, devenir lui-même un maître de la question. Notre but n'est pas de faire un récit détaillé des phénomènes psychiques, mais de donner à l'étudiant une clef qui lui permette d'ouvrir les innombrables portes qui ferment le Temple de la Connaissance qu'il désire explorer.

Nous espérons que, dans cette étude des enseignements du Kybalion, on trouvera les éclaircissements susceptibles de résoudre de nombreuses difficultés embarrassantes, une maîtresse-clef capable d'ouvrir de nombreuses portes. Tandis qu'il est d'usage d'entrer dans des détails approfondis sur les innombrables phases des phénomènes psychiques et de la science mentale, nous avons préféré placer dans les mains de nos élèves les moyens d'aborder avec succès n'importe quel sujet susceptible de les intéresser. Avec l'aide du Kybalion, tout individu peut entreprendre n'importe quel ouvrage occulte, la vieille Lumière de l'Egypte éclairant de nombreuses pages obscures et de nombreux sujets impénétrables. Tel est le but de cet ouvrage. Nous n'avons pas expliqué une philosophie nouvelle ; nous avons fourni les grandes lignes d'un enseignement mondial, destinées à rendre plus clairs les enseignements des autres philosophies ; elles serviront comme Grand Conciliateur des différentes théories et des doctrines opposées.

Chapitre XV - Axiomes hermétiques

« Posséder le Savoir, si on ne le manifeste pas et si on ne l'exprime pas dans ses Actes est comme la thésaurisation d'un précieux métal, une chose vaine et folle. Le Savoir, comme la Santé est destiné à Servir. La Loi de l'Utilisation est Universelle, celui qui la viole souffre parce qu'il s'oppose aux forces naturelles. »

Le Kybalion

Les Enseignements hermétiques, s'ils ont toujours été soigneusement tenus secrets par leurs fortunés possesseurs, pour des raisons que nous avons déjà dites, n'étaient pas destinés à être constamment conservés et tenus secrets. La Loi de l'Utilisation fait partie des Enseignements comme vous pouvez le voir en vous reportant à la citation que nous venons de donner et qui l'affirme avec une grande netteté. Le Savoir sans Utilisation et sans Expression est une chose vaine, ne conférant aucun bien à celui qui le possède et à la race toute entière. Méfiez-vous de l'Avarice Mentale et mettez en Action ce que vous avez appris. Etudiez les Axiomes et les Aphorismes, mais ne manquez pas de les pratiquer.

Nous donnons ci-dessous quelques-uns des Axiomes hermétiques les plus importants du Kybalion chacun suivis de quelques commentaires. Faites-les vôtres et pratiquez les ; ils ne seront pas réellement vôtres si vous ne les utilisez pas.

« Pour changer votre état d'esprit ou vos états mentaux, modifiez votre vibration. »

Le Kybalion

Tout individu peut changer ses vibrations mentales par un effort de Volonté, en fixant son Attention sur l'état désirable. La Volonté dirige l'Attention et l'Attention modifie la Vibration. Cultivez l'Art de l'Attention, à l'aide de la Volonté, et vous avez trouvé le secret de la Maîtrise des Sentiments et des Etats Mentaux.

« Pour détruire une mauvaise période de vibration, mettez en activité le Principe de Polarité et concentrez votre pensée sur le pôle opposé de celui que vous voulez annihiler. Tuez l'indésirable en modifiant sa Polarité. »

Le Kybalion

Cette formule hermétique est une des plus importantes de la doctrine. Elle est basée sur de véritables principes scientifiques. Nous avons montré qu'un état mental et son état contraire n'étaient que les deux pôles d'une même chose et que par la Transmutation Mentale, la polarité pouvait être renversée. Ce principe est connu des psychologues modernes qui l'appliquent pour supprimer les mauvaises habitudes en conseillant à l'étudiant de se concentrer fortement sur la qualité opposée. Si vous êtes Peureux, ne perdez pas votre temps à essayer de supprimer en vous la Peur ; développez le Courage et la Peur disparaîtra. Quelques auteurs ont exprimé cette idée avec plus de force en utilisant l'exemple de la chambre noire. Vous ne devez pas essayer d'enlever l'obscurité d'une pièce, vous n'avez qu'à ouvrir les volets et l'obscurité, envahie par la Lumière, disparaît. Pour supprimer une qualité Négative, concentrez votre pensée sur le Pôle Positif de cette même qualité et les vibrations, de Négatives qu'elles étaient deviendront Positives, jusqu'à ce que vous finissiez par être polarisés sur le pôle Positif au lieu de l'être sur le pôle Négatif. Le contraire est également vrai, comme beaucoup de gens ont pu s'en apercevoir à leurs dépens, quand ils se laissent vibrer

107

trop, souvent sur le pôle Négatif des choses. En modifiant votre polarité, vous pouvez maîtriser vos sentiments, changer vos états mentaux, remanier vos dispositions et construire votre caractère.

Une grande partie de la Maîtrise Mentale des Hermétistes avancés est due à cette application de la Polarité qui constitue un des plus importants aspects de la Transmutation Mentale. Souvenez-vous bien de l'axiome hermétique que nous avons déjà cité et qui dit :

« L'Esprit, aussi bien que les métaux et les éléments, peut être transmuté d'état à état, de degré à degré, de condition à condition, de pôle à pôle, de vibration à vibration. »

Le Kybalion

La Maîtrise de la Polarisation est la maîtrise des principes fondamentaux de la Transmutation Mentale ou de l'Alchimie Mentale, car, si un individu n'acquiert pas l'Art de changer sa propre polarité, il sera incapable d'influencer son entourage. Une compréhension parfaite de ce Principe permettra à tout individu de changer sa Polarité Personnelle aussi bien que celle des autres, s'il veut bien consacrer le temps, le soin, l'étude et la pratique nécessaires pour se rendre maître de l'Art. Le Principe est vrai, mais les résultats obtenus dépendent uniquement de la patience et de la pratique de l'élève.

« Le Rythme peut être neutralisé par une application correcte de l'Art de la Polarisation. »

Le Kybalion

Comme nous l'avons expliqué dans les précédents chapitres les Hermétistes affirment que le Principe du Rythme se manifeste aussi bien sur le Plan Mental que sur le Plan Physique et que la succession désordonnée des sentiments, des états d'esprit, des émotions et des autres états mentaux est due au mouvement d'allée et venue du pendule mental qui nous entraîne d'une extrémité d'un sentiment à l'autre.

Les Hermétistes enseignent également que la Loi de Neutralisation permet, dans une très large mesure, de maîtriser consciemment les opérations du Rythme. Comme nous l'avons expliqué, il existe un Plan Supérieur de Conscience, de même qu'il existe un Plan Inférieur ; le Maître, en s'élevant graduellement jusqu'au Plan Supérieur oblige l'oscillation du pendule mental à se manifester sur le Plan Inférieur ; pendant ce temps, lui, qui a atteint le Plan Supérieur, échappe à la conscience de l'oscillation de retour du pendule. Ce résultat s'obtient en se polarisant sur le Moi Supérieur et en atteignant ainsi les vibrations mentales du Moi situées bien au-dessus du plan ordinaire de conscience. C'est la même chose de s'élever au-dessus d'une chose ou de la laisser passer devant soi. Les Hermétistes avancés se polarisent au pôle Positif de leur Etre, au pôle du "Je suis" au lieu du pôle de la personnalité, en refusant, en "niant" l'opération du Rythme, ils s'élèvent au dessus du plan de la conscience et en restant fermement établis dans leur Jugement de l'Etre, ils permettent au pendule de revenir en arrière sur le Plan inférieur sans modifier leur polarité. Cela peut être accompli par tous ceux qui ont atteint un degré quelconque de Maîtrise personnelle, qu'ils comprennent ou non la Loi. De tels individus "refusent" simplement d'être attirés en arrière par le pendule des sentiments et des émotions ; en affirmant sans répit leur supériorité, ils restent polarisés au Pôle Positif. Naturellement, le Maître bénéficie de tout cela à un degré bien plus considérable parce qu'il comprend la loi, parce qu'il sait qu'il la détruit en lui en opposant des lois supérieures et parce que, grâce à sa Volonté, il atteint un degré de Poids et de Solidité Mentale presque incroyables pour ceux qui se laissent balancer en avant puis en arrière par le pendule mental des états d'esprit et des sentiments.

N'oubliez pas cependant, qu'en réalité, vous ne détruisez pas le Principe du Rythme qui est indestructible. Vous ne faites que maîtriser une loi en lui en opposant une autre et en maintenant ainsi l'équilibre. Les lois du poids et du contrepoids opèrent aussi bien sur le plan mental que sur le plan physique ; une compréhension parfaite de ces lois permet à quiconque de sembler les maîtriser, tandis qu'en réalité, il ne fait que les contre-balancer.

« Rien n'échappe au Principe de la Cause et de l'effet ; mais il existe plusieurs Plans de Causalité et tout individu peut utiliser les lois des Plans Supérieurs pour maîtriser les Lois des Plans Inférieurs. »

Le Kybalion

En comprenant bien la pratique de la Polarisation, l'Hermétiste s'élève sur un plan supérieur de Causalité et contre-balance ainsi les lois des plans inférieurs. En s'élevant au-dessus du plan ordinaire des Causes, il devient, là un certain degré, une Cause au lieu d'être "Causé". En étant capable de maîtriser ses états d'esprit et ses sentiments et en pouvant neutraliser le Rythme, comme nous l'avons déjà expliqué, il est capable d'échapper à une grande partie des opérations du principe de la Cause et de l'Effet sur le plan ordinaire. Les foules se laissent conduire ; elles obéissent à leur entourage ; les volontés et les désirs des autres sont plus puissants que les leurs ; elles subissent les suggestions de ceux qui les entourent et toutes les causes extérieures qui essayent de les faire mouvoir sur l'échiquier de la vie comme de simples pions. En s'élevant au-dessus des causes susceptibles de l'influencer, l'Hermétiste avancé atteint un plan supérieur d'action mentale ; et en dominant ses états d'esprit, ses émotions, ses tendances et ses sentiments, il crée en lui-même un nouveau caractère, de nouvelles qualités et de nouveaux pouvoirs, grâce auxquels il peut dominer son entourage ordinaire et devenir ainsi pratiquement Joueur au lieu d'être simple Pion. De tels individus jouent consciemment le jeu de la vie au lieu d'être conduits de ci, de là par les pouvoirs et les volontés plus fortes. Ils utilisent le Principe de la Cause et de l'Effet au lieu d'être utilisés par lui. Naturellement, même les plus grands Maîtres sont sujets au Principe, car il ne se manifeste pas moins sur les plans supérieurs ; mais sur les plans inférieurs d'activité, ils sont Maîtres au lieu d'être Esclaves. Comme le dit le Kybalion :

« Le sage sert sur le plan supérieur mais est servi sur le plan inférieur. Il obéit aux lois venant d'en haut, mais sur son propre plan et sur les plans inférieurs, il est maître et donne des ordres. D'ailleurs en agissant ainsi, il constitue une partie du Principe au lieu de s'y opposer. Le sage fait partie de la Loi ; en comprenant bien ses mouvements il l'utilise au lieu d'en être l'esclave aveugle. Le sage, par rapport à

l'homme ordinaire peut être comparé au nageur habile, allant et venant de tous côtés ; par rapport à la bûche qui est emportée de tous côtés ; cependant le nageur et la bûche, le sage et l'imbécile sont également sujets à la loi. Celui qui comprend cette vérité est bien dans la voie de la maîtrise. »

Le Kybalion

Pour conclure appelons encore votre attention sur l'axiome hermétique suivant :

« La Vraie Transmutation Hermétique est un Art Mental. »

Le Kybalion

Dans cet axiome les Hermétistes enseignent que le grand travail d'influencer un entourage est accompli à l'aide du Pouvoir Mental. L'Univers étant complètement mental, il en résulte qu'il ne peut être conduit que par la Mentalité. Dans cette vérité on peut trouver l'explication de tous les phénomènes et la manifestation de tous les divers pouvoirs mentaux qui ont tant attiré l'attention et qui ont été si étudié au début du vingtième siècle. On retrouve constamment sous les enseignements des divers cultes et des différentes écoles le principe de la Substance Mentale de l'Univers. Si l'Univers est Mental dans sa nature substantielle, il s'ensuit nécessairement que la Transmutation Mentale doit changer les conditions et les phénomènes de l'Univers. Si l'Univers est Mental, l'Esprit doit être le pouvoir le plus considérable qui agit dans ses phénomènes. Si cette vérité était bien comprise on verrait la véritable nature de ce qu'on a coutume d'appeler des "miracles."

« LE TOUT est ESPRIT ; l'Univers est Mental. »

Le Kybalion

FIN DU LIVRE

Table des matières

Préface	3
Introduction	9
Chapitre I - La Philosophie hermétique	13
Chapitre II - Les Sept principes hermétiques	18
1) Le Principe de Mentalisme	18
2) Le Principe de Correspondance	19
3) Le Principe de Vibration	20
4) Le Principe de Polarité	21
5) Le Principe de Rythme	23
6) Le Principe de Cause et d'Effet	24
7) Le Principe de Genre	25
Chapitre III - La Transmutation mentale	26
Chapitre IV - Le Tout	30
Chapitre V - L'Univers mental	36
Chapitre VI - Le Divin paradoxe	42
Chapitre VII - "Le Tout " dans Tout	50
Chapitre VIII - Les Plans de Correspondance	58
Chapitre IX - La Vibration	70
Chapitre X - La Polarité	75
Chapitre XI - Le Rythme	80
Chapitre XII - La Causalité	86
Chapitre XIII - Le Genre	92
Chapitre XIV - Le Genre Mental	97

Chapitre XV - Axiomes hermétiques   106